「不人気学科教授」
奮闘記

千葉大学工学部 名誉教授
斎藤恭一

大学教授が、「研究だけ」していると思ったら、大間違いだ！

イースト・プレス

はじめに

1990年ごろ、私が助教授として勤めていた東京大学工学部化学工学科は、〝底が抜けていた〟。東大は、理科一類、二類の学生が二年生の秋に、工学部の学科に志望して配属されるシステムである。〝底が抜ける〟とは、第一志望で学科の定員が埋まらないことだ。不人気なのである。

1994年に千葉大学に転任して、夏休みには高校生に大学を紹介するオープン・キャンパスという企画を手伝った。私の学科、機能材料工学科の見学志望者は3名だった。そのとき、隣の建築学科には150名ほどの見学志望者が集まっていた。ガイド役の私の後ろについてくる高校生は3名しかいなかったのだから、私は底でなく腰が抜けそうになった。

私の両親は二人で商売をしていた。注文の電話が多くて仕事が増え、景気がよくなると、私と弟を近所の洋食屋さんに夕食に連れて行き、おいしいハンバーグを食べさせてくれた。そのため、家の商売の状態はわかりやすかったが、注文が来なくなったら、一家は終わりであった。同様に、学科も研究室も人気がなくなり、学生が来なくなったら終わりである。そんな危機感が37年間、私の心の底にあった。だから、私は広報活動に熱心だった。

不人気学科とは、学生が集まりにくい学科のことである。その学科の研究がダメだとか、就職率がわるいとか、はたまたカリキュラムがよくないとかではない。私は、大学の教員として就職してから、不人気学科に転落した学科にいて、人気が出るようにもがいていた。その後、新しく立ち上げたばかりで広報の不足していた不人気学科に転任した。やがて、その学科は他の学科と合併した。さらに合併したと思ったら、すぐにそのなかの一部が抜けることもあった。

これらの学科を具体的にいうと、化学工学科、化学生命工学科、機能材料工学科、物質工学科、共生応用化学科である。前二つが東京大学、後ろ三つが千葉大学での学科名である。

教員になって35年経ったので、単純計算では、学科の寿命は7年ということになる。学科の寿命は短すぎても忙しくなるし、長すぎると腐《くさ》ってくる。

助教授、または教授の仕事の中身は、四つに分けられる。「研究」「教育」「広報活動」そして「管理運営」である。私の場合、45歳くらいまでは「研究」と「教育」が中心で、その後は「広報活動」と「管理運営」の仕事が加わった。

幼稚園から高校までの、さらには大学での「教育」の総まとめが、学部四年での卒業論文作成のための研究、大学院での修士論文作成のための研究だと見なすことができる。産業技術総合研究所や理化学研究所といった国の機関での「研究」、あるいは民間企業の研究所での「研究」では、その主役が大人であるのに対して、大学での「研究」の主役は学生だ。研究の観点からすると、学生は大人になりきっていない子どもである。

大学は、教員と職員（まとめると教職員）からなる組織なので、「管理運営」の仕事が必ず発生する。具体的には、大学執行部には、学長、副学長、理事など、学部には、学部長、評議員、事務長などが配置される。さらに学部には、教育委員会、入試委員会、総務委員会などが設置され、そこには委員長、副委員長が必要だ。このほかにも大学には、図書館長、留学生センター長などがいて、付属病院があると病院長もいる。これらの役職のほとんどを教員が担当する。これが教員の「管理運営」の中身である。

昔は広報をしなくても、国立大学には募集定員を超えて受験生がたくさん集まってきた。最近は、私立大学の数が増え、国立大学と私立大学との学費の差が縮まり、国立大学の設備（講義室やトイレ）が老朽化したため、国立大学を第一志望とする受験生が減った。

受験倍率が下がると、大学で大いに学ぼうとする受験生が少なくなるので、国立大学は、オープン・キャンパス、出前授業などといった評判（ブランド）を直接的に高める活動や、周辺地域の市町村や企業の相談に乗って間接的に評判をよくする活動を実施するようになった。これが教員の「広報活動」の中身である。

実績を積んで教授に昇任すると、「管理運営」や「広報活動」にも尽力してほしいと要請される。しかし、「研究」は得意でも、そのほかのことには力が入らない教員が多いのも理解できる。だからこそ大学に職を求めたのだろう。ましてや「管理運営」「広報活動」など、避けて通りたいという教員も多いはずである。しかし、誰かがやってくれないと、学生も組織も困る。大学内のほかにも、その教員が学会に参加すると、学会誌編集委員会の委員、支部長、副会長、会長の職を頼まれることもある。

逆に「研究」や「教育」を長く続けていると、やり尽くした感が出たり、学生を指導するのが面倒になったりもする。その場合には、代わりに「管理運営」や「広報活動」という新しい仕事にやりがいを感じることもあるだろう。いや、やはり「ほかにいないから、やらざるをえない」ことが多いか。

さて、私はこの四つの仕事のうち、「教育」と「広報活動」にウエイトを置いて仕事をしてきた。ただし、学生の卒業論文、あるいは修士論文の作成を「教育」するには、新しいテーマを用意し、研究費を調達する必要があったので、「研究」に手を抜くわけにはいかなかった。「管理運営」には苦手意識があって、逃げ腰でこなした。

「大学は研究機関であってはならない」というのが私の考えである。学生を育てるために研究をするのであって、研究をするために学生を使ってはならない。それを当たり前のこととして先輩の先生方から教わってきたし、自分もそうやって育てられてきた。

しかし、最近はそれを言うと、大型の研究資金を持ってこられない、あるいは研究に限界を感じた教員の発言だと批判されることもある。おかしな話だ。学生の能力を最大限に引き出すために、よい研究をするというのが理想であるはずだ。

この本では、世の中ではおそらく知られていない「国立大学工学部教授の仕事」を、私の経験に即して具体的に述べる。もちろん、国立大学工学部だけでも教授は全国にごまんといる。私が平均の教授像かどうかはわからない。むしろ「教育」「広報活動」に注力していた点では、めずらしい教授かもしれない。しかし、その活動には、教員として普遍的な心意気や手法が含まれていると思う。

大学で文系の学部を卒業した読者は、理系の学部の一つである工学部の研究室の活動は知らないと思う。この本を読んで、文系でよかった、いや理系にいけばよかったなど、いろいろと考えてほしい。受けてきた教育についての文系と理系の違いを理解しておくことは、社会で働いていくときに必要だろう。

子どもを大学に進学させようとしている保護者や高校の先生方、すでに大学に学費を払い込んでいる大学生や保護者の方、大学の卒業生を受け入れる企業のみなさん、あるいは大学で働こうとしている方々にとって、この本が参考になれば幸いである。

Contents

第一章

第二章

市民にも「理科」に馴染んでもらおう

「市民講座」という他流試合！

セシウム吸着繊維「ガガ」の実力！

第三章

「学生指導」はテンヤワンヤ

「研究室」運営とは、まことに大仕事である！

理系こそ「作文力」が試される！

第四章

序章

「大学崩壊」と嘆いても始まらない

いまどき大学教授はボサッとしていられない！

「君の学科、大丈夫なの？」

自分が所属する大学の人気、さらに限定すると、所属学科への受験生からの人気は、大学入試での志願倍率が目安になる。志願倍率は志願者数を学科定員で割って計算される。志願倍率が1だと、入試の成績によらずに「全員入れること（全入）」を意味する。国立大学では定員を埋めるのが原則だ。志願倍率が2でも、受け入れ側は心配する。一人の受験生が二つの大学を受けていて、第一志望が当方ではないこともあるだろう。それが半分に達すると、実質の志願倍率は1に近いことになる。

受け入れ側の勝手な希望としては、志望倍率が4倍くらいあって、ほとんどの受験生が当方を第一志望としているのがよい。あまりに人気が高い学科になると、「人気があるから選びました」という志望動機の弱い受験生が学科に入学してくるので、それはそれで困る。もっともこうした状況は、私にとっては夢のような話であった。

学科の人気がなくなってくる、言い換えれば志望倍率が低下してくると、大学の上層部（学長の周辺を指す。会社でいうなら取締役会）から、「君の学科、大丈夫なの？」と心配され、不人気が数年続くと「改組したらいいんじゃない？」と、組織の改革、具体的には学科名の変更、不人気学科同士の統合・再編を迫ってくる。学科の出口に相当する就職先では人気があろうとも、入り口の評価に相当する志願倍率によって学科の中身を判断されるのは、困ったものである。

志願倍率が低下してくると、合格する学生の平均レベルが下がることを、受け入れ側はわかっている。そこで、たとえば千葉大学にとって、次年度の志願倍率を上げるためのてっとり早い方策は、大学の近くにある予備校の「千葉大理系コース」の受験生の前で、自分の学科をＰＲすることだろう。

しかし、すでに志望の学科を選んである学生が多いこともあって、志願倍率を大きく上げることは難しい。３年ぐらい先までを見越したとき、千葉大を受けてくれそうな地元（千葉県内）の高校の進路指導の先生に、「模擬講義」や「進路講演会」といった企画を持ちかけて、指定の開催日時にそこへ出かけて行くのが、地道ながら学科のＰＲになる。

自分の高校時代には、大学から先生がやって来て、「模擬講義」や「進路講演会」を開いていたという記憶はない。それが今や、少子化の時代に生き残りをかけて、多くの大学が高校へのPRに力を入れている。そして、それは高校にも都合がよい。大学が高校にPRする必要がある時代は、高校も中学校にPRする必要がある時代である。高校での年中行事として、大学の先生による「模擬講義」や「進路講演会」があることは、高校を受験する中学生へのよいPR材料なのである。

千葉大の志願者のうち、県内高校の出身者の割合は25%である。残り75%は県外の高校の出身者で、そのうちの半分は関東地域の県である。具体的には、埼玉県、茨城県、栃木県、群馬県、東京都である。神奈川県の高校生は、横浜国立大学や東京にあるたくさんの大学を志望するようだ。静岡県、山梨県、新潟県、福島県といった地域からもよく受験してくれる。

そこで、県外の高校へつながる人脈を探って、「模擬講義」や「進路講演会」といった企画を持ち込む。地元から遠くへ行けば行くほど、自分の学科どころではなく、自分の大学を受けてもらうだけでもありがたいという気持ちになる。

「模擬講義」「進路講演会」なんて……やっている場合だ

所属の千葉大学から頼まれて行くわけではなく、自分が勝手に抱く危機感にしたがって自分なりの広報活動を進めていくと、高校への行き帰りの電車内で、ふと思う。

「千葉大のどんなところがいいのかな?」

この自問自答の中で、千葉大のブランド力を上げることが大事だと思うようになる。学生を入り口で集めて、出口すなわち社会に送り出すときに、その学生の能力が上がっていないのなら、それは詐欺《さぎ》行為である。能力を引き出していく、まさに“education”の語源（=外へ引っ張り出す）通りの仕事を、千葉大はしないといけない。

入学から三年生までの講義を大切にして学生をやる気にさせ、四年生からの研究室での工学研究を通して学生の能力を引き出すことが、工学部所属の私の任務である。だとすると、高校へ出かけて「模擬講義」「進路講演会」など、やっている場合ではないだろうと思うかもしれない。しかし、そう単純な話ではないのだ。

日々とても忙しい高校の進路指導の先生や高校生は、大学別のいわゆる「赤本」、予備校の作った「大学案内」、週刊誌の「就職に強い大学」「社長が多い出身大学」という記事、そして大学や学科のホームページから、各大学のブランド力の一端を知ることはできるだろう。しかし、そこにリアリティはない。これに対して、「模擬講義」「進路講演会」からは、本物の一端に直《じか》に触れることができる。

ただし、高校の教室や講堂に行けば、「自分が千葉大の者である」ことを、十分に意識しておく必要がある。私の話のせいで千葉大受験をやめる生徒だって出てくるからである。

大学の教員がノーベル賞を取って世間に大々的に知れわたれば、その大学のブランド力は上がる。論文数や学会発表件数を増やして業績を積んでも、その意義は高校生には理解されない。それはあくまで大学の先生の自己主張でしかない。地元の科学館での中・高校生向けの科学講座や、高校の先生に対する研修会での講演のほうが、志願倍率のアップにはむしろ役立つだろう。

学生の就職先もしっかりと決めていかないといけない。就職した先で、千葉大学の出身者は能力が高いという評判も欲しい。そこの周囲の方のお子さんが受験生だったり、親戚に受験生がいたりするのだ。しかし、そこまで考えたら発狂しそうだから、私はここは思考放棄することにしていた。

私が所属していた学科、「千葉大学工学部共生応用化学科」の入学定員は95名だった。学科には、教員、すなわち教授、准教授（昔は助教授と呼んでいた）、そして助教（昔の呼び名は助手）が約40名いる。したがって、単純計算で一人の教員が2、３名の受験生を毎年毎年集めてくれれば、それだけで志願倍率は学科定員ぶんアップできるわけだ。

この本で紹介する私のきわめて個人的なＰＲ活動によって、私を気に入り、私の学科をめざして合格し、四年生になって私の研究室までやってきた学生が、これまでに３名いる。小川治彦《おがわはるひこ》さん、吉川聖《よしかわたかし》さん、そして石原量《いしはらりょう》さんで、それぞれ栃木県立真岡《もおか》高校、千葉県立船橋高校、そして千葉県立匝瑳《そうさ》高校の出身者だ。光栄である。

千葉大で25年間働いた。高校や予備校を約１２０校回った。毎年毎年、講義や講演に呼んでいただける高校もある。１回の訪問で平均80名の生徒や保護者に出会っているとして、１万人の中から３人が私を気に入ってくれたことになる。

「大学崩壊」と言われるけれど……

教授の立場が低下している？

半世紀前は、大学の教授は自分が好きなように研究室を運営し、また講義をしていた。研究室には、教授、助教授、講師、助手、そして技官と、大人が5名も揃《そろ》っていた。教授はテーマを、部下に当たる助教授、講師、助手、技官に割り振って研究を進めていた。助教授、講師は、学部四年生や大学院生（修士や博士課程在学中の学生）を指導して、その課題の解決や解明に取り組んだ。技官は、研究室の装置を保守しながら、教授と直接話し合って独自の実験を進めていた。

教授や助教授の講義では、学生からの授業評価アンケートはなかった。教授がどんな講義をしようとも、講義の内容がわからないのはすべて学生のせいであった。

現在の教授はそうではない。教授一人だけの研究室もあるし、教授とは異なるテーマを持つ准教授と協力して、研究室を運営していることもある。10年前までの職名「助教授」は、その名の通り、教授を全面的にお助けしていた。一方、「准教授」は「准じている」ので、全面的に教授を助ける必要はない。現在の教授は講義をすれば、必ず学生からの授業評価アンケートを採られて、それに対する「反省文」さえ書かされることもある。

時代を反映して、学生の意欲や能力は多彩である。大学を就職のための通り道としか考えていない学生もいる。昔のようには、大学教授という指導者に、学生の親が敬意を表さなくなっている。

「うちの子どもは夏休みにあんなに勉強していたのに、大学院に落ちるなんて、おかしいではないか！」「大学に8年も学費を納めているのに、退学になるとはどうなっているのか？」と学長に直接、電話をしてくる親さえいるのだ。「留年させない、面倒見のよい大学」「就職率の高い大学」といった特集を組む週刊誌まである。どうかしている。

「大学の危機」を憂えている時間はない

「大学」は一括りでは議論できない。国立、県立、市立、そして私立と、いろいろな大学がある。大学の学部を理系と文系に分けることも多い。キャンパスに同居してはいても、理系と文系ではさまざまな点で相当に異なっている。

私の親が学費を払っていたときに、私は学部では私立大学の理系、大学院では国立大学の理系にいた。その後、国立大学の理系から給料をもらうことになった。こうした経歴から、文系の大学や大学院のことを私はまったく知らない。

本書を企画し、編集した木下衛さんは、国立大学の文系の出身である。私の原稿を読んで、たいへん驚き、面白がってくれたことからも、理系と文系の教育システムは相当に異なるようだ。特に、研究室の様子は想像もできなかったらしい。

7、8年前に、文部科学省の偉いお役人であったAさんが、理系の研究室の現場を知りたいとおっしゃって、午後の間ずーっと、私の研究室に滞在《たいざい》したことがあった。そのときにも文系出身のAさんは、学生へ指導する事柄が多いこと、そして学生と教員の距離が近いことにとても驚いていた。私の研究室が特別なわけではないので、やはり理系と文系には大きな違いがあるようだ。

「大学改革」を推進しようとする文部科学省や財務省の官僚のみなさんは、おそらく文系の出身だろうから、理系の研究室の現場を理解していないはずである。そのため、改革が浸透しないこともあるだろう。

日本の大学の教育や研究の活動が、海外の国々に比べて相対的に低下しているから、改革しなさいとのお達しが、かねて国から大学へ出ている。1年間54万円という国立大学の学費は据《す》え置かれている一方で、千葉大学への国からの運営費交付金は減っている。この運営費交付金は、大学の人件費、設備費、さらには研究室の研究費に充《あ》てられる。

改革とは関係なしに、私が責任者である研究室には毎年、学部四年生が8名ほど配属されてきた。この8名に大学院の学生を加えて、総学生数18名を教員3名（教授、准教授、助教）で指導していた。40数年前、私が修士の学生として入った研究室には、教授、助教授、講師、助手と4名の教員がいて、学部四年生から博士課程学生までの学生12名がいた。

したがって、教員数に対する学生数の比率は、昔は3、今は6である。大まかにいうと、研究室の予算は減ってきたが、指導する学生数は2倍に増えてきた。

潜在能力がある学生が、せっかく私の前に来てくれて、私がその学生を全面的に指導できる立場にいるのだから、しっかり育てたいと思うのが教員の人情である。知恵や知識を惜《お》しみなく与えるのに予算は要らない。学生が遂行する研究の予算が足りないのなら、集めに行くのも自由にできる。ただし、時間が有限なのが悩ましいわけである。私には、大学の危機を嘆いている時間はなかった。

第一章

未来ある高校生に必死でPR

高校生に怯むな！「模擬講義」奮闘録！

「模擬講義」と一口に言っても3パターンある

高校の生徒は、「大学の模擬講義」と聞いても、ピンとこないと思う。受講生が高校一年生だったりしたら、前年度まで中学校で授業を聴いていたのだからなおさらだ。高校の進路指導の先生が、生徒の勉学意識を高めたくて実施する企画が「模擬講義」だ。

聴かなくてもよいなら、生徒は聴きたくないはずである。講義を依頼された大学の先生がその辺の事情を知らないと、せっかく訪問しても空振り三振となる。私は「招かれざる客」と強く意識し、高校の教育方針や大学への進学率、そして受講生の学年を考慮して講義の内容を決めてきた。

「模擬講義」は時間割でいうと、たいていその日の最終の時間であり、生徒は疲れていて集中力を期待できない。しかし、場数を踏んでいくと、生徒のうち2割程度は講義に引き込んで前のめりにさせられる。もちろん、前のめりになりすぎて寝てしまう生徒もいる。

ＪＲ総武線にある駅で降りると、ロータリーから真っ直ぐに伸びた道の先に、高校の校舎の時計台がそびえて、かすんで見えた。あそこまで歩かないといけない。それほど広くない道に沿っての商店街は、楽しい雰囲気であった。

高校から受ける、大学の模擬講義に来てくださいという依頼には、次の三つのパターンがありうる。

Ａタイプ：複数の学部の大学教員の講義を、生徒がそれぞれの教室に分かれて聴く
Ｂタイプ：一人の大学教員の講義を、生徒全員が体育館や講堂で聴く
Ｃタイプ：理系と文系それぞれ1名の大学教員の講義を、生徒全員が順に聴く

多いのはＡタイプである。一見、バラエティに富んでいるし、進路の希望に沿って設定されているので、高校二年生にとっては親切なように見える。今回の高校の場合、16の学部や学科に対して、12の大学から教員が講師として招かれていた。

お昼前に集合し、校長室の隣の大きな会議室に、カタカナのロの字形に並べられた机

があり、決められた席に座る。座って机の上に置かれたプリントを見て、初めて今日の参加メンバーがわかる。学部名、模擬講義を行う教室、生徒の数がリストになっていた。ずいぶんと遠い大学からも、わざわざいらしている。千葉大でも、ここまで1時間弱である。千葉大からは、私のほかに2名の先生がいらっしゃっていた。顔を見合わせて無言の会釈《えしゃく》をした。

そのころになると、校長先生が挨拶《あいさつ》にやってくる。「本日は先生方、お忙しいところ、当校の生徒のためにご協力いただき、ありがとうございます。生徒はたいへん楽しみにしております。どうぞよろしくお願いいたします」という挨拶である。

用意していただいた幕の内弁当を食べ終わるころに、会議室の廊下にたくさんの生徒が集まって来た。模擬講義を行う教室ごとに、担当の生徒2名が前もって決められていて、教室まで私たちを連れて行ってくれる。ドアのところで、進路指導の先生が講師を一人ひとり呼んで、生徒に引き合わせ、教室に向かった。

実は、高校二年生を対象にしたAパターンの模擬講義の企画に、私は反対である。やらないよりやったほうがよいくらいの企画だと思っている。私が高校二年生だったころを考えると、将来どんな職業に就こうなどと考えることはできなかった。日々のクラブ活動と勉強とを両立させるので精一杯だった。いや、毎日、眠い日が続いていた。社会をそれほど知らなかった。高校時代とは、情報不足、勉強不足、そして時間不足の時代である。

教育は生徒の視野を広げ、選択の機会を増やすためにあるのに、Aパターンはそれに逆行している。まだまだ視野の狭い生徒に向けて、気に入る話だけを聴かせるのがよいはずはない。そう思いながら、模擬講義を終えて会議室に戻った。

「お疲れさまでした」と進路指導の先生から御礼を言われて席に着くと、和菓子とお茶が用意してあった。食べ終わってのんびりしていると、また校長先生が御礼の挨拶にやってくる。「ありがとうございました。何か感想などありましたら、お聞かせください」と言うので、不満のある私は率直にそれを申し上げた。

校長先生は、「来年の実施に向けて、検討させていただきます」と事務的に答えた。「変える気はないいな」と私は思った。そして次年度、私への講義の依頼はこなかった。相変わらずAパターンで模擬講義を実施しているに違いない。そのほうが高校のお客さんである中学校の生徒や保護者によく映るからだろう。それでもやはり、「高校生を大いに悩ませろ！」と私は言いたい。

教授の講義VSマスク女子高生のツッコミ

２０１４年１月の午後３時、私はＪＲ両毛線の前橋駅に降り立った。ここから歩いて10分のところに、群馬県立前橋女子高等学校（通称、前女。「マエジョ」と読む）がある。ＳＳＨ校（Super Science High School：次項で詳述）に採択されたので、「理系英語」について生徒に講義をしてほしいという依頼があって、千葉からはるばるやってきたのだ。赤城山を遠くに眺《なが》めたあと、人通りが少なく車の多い町を歩いて、前女にたどり着いた。

50人ほどの高校一、二年の女子高生で教室は満杯であった。私の教壇は生徒の中に埋め込まれた形になっていて、生徒はすぐそこにいた。

90分の講義だ。まずはウォーミング・アップとして、「カタカナ英語ワーストテン」という演習問題を解いてもらうことにした。「さあ、やってみて」と言うと、しばらくしてざわめいた。隣同士で出来具合を探っているらしい。

「君たち、授業の受け方が間違っている」と私は説教を始めた。

「君たちは暗い海に投げ出されて必死に泳いでいる。周りには誰もいない。そのとき、灯台のライトが見えた。そのライトを頼りに懸命に泳ぐんだ。その灯台が今日は私だ。

隣としゃべらずに私だけを見て授業を受けなさい」

私は「われながら、名ゼリフが言えた」と思った。

そのとき、「灯台なら回って！」と、右斜め10度の位置に座っていた大きなマスクをかけた女子生徒が、大声でツッコミを入れた。私は動揺した。

しかし、それを生徒に感じさせたらいかんと思い、体をゆっくりと1回転させ、「こんな感じかな？」と灯台を演じた。「前女をなめたらあかん。真剣にやらないと刺される」。私は気合いを入れ直した。

「ワクチン」というカタカナ英語のスペル“vaccine”を私が黒板に書いたあとに、「この単語の読み方を教えるから、よく見ててね」と言うと、「見ててじゃなくて、聴いてでしょ」と、またもや〝大マスク女子生徒〟からツッコミがきた。

「しめた！」

私は教室前方の隅に立ち、腕を大きく振り、黒板に沿って生徒の前を勢いよく歩いた。

「『爆進』だ。そう、『バクシン』と読むんだ。ワクチンとは読まないんだ！」

教壇に戻って、〝大マスク女子生徒〟を見ると、マスクが大きくてわかりにくいが、納得している様子だった。私は勝った。

その後の1時間の講義でも、15分おきくらいに鋭いツッコミが続いた。しかし、それをものともせずに90分の講義を終えた私は、自分史上最高の講義ができたと思った。もともと私は、千葉大学工学部で2005年度に第2回ベストティーチャー賞（第三章で詳述）を受賞しているのだけれども、それをも超えた異次元のすばらしい講義ができたと思う。油断するとツッコミがくるという緊張感がそうさせたのだろう。

SSH担当の先生から、「本日はご多忙のところ講義に来てくださり、ありがとうございました。ここで、生徒から御礼の言葉があります」と言われた。私が照れていると、生徒2名がスーッと立ち上がって教壇の脇まで迫ってきた。

なんと、そのうちの一人が〝大マスク女子生徒〟だった。私は生徒に動揺を見破られないように、「これはこれは」と余裕を見せつけたが、その生徒から「久しぶりに、いい講義を聴くことができました」と労《ねぎら》いの言葉をもらったのであった。私は負けた。

「理系英語」の専門家と買い被られている？

「先生が理系英語の講師に選ばれました」という〝変な〟メールが、私立佐野日本大学高等学校のSSH担当の先生から研究室に届いた。前述したSSHを、私はこのとき初めて知った。“Super Science High School”の略称で、日本語に訳すと「超科学高校」

である。

　理科の授業がたくさん用意されている高校だということだ。ＪＳＴ（科学技術振興機構）に応募して採択されると、予算がついて、いろいろな理科教育の企画を実行できる。たとえば、理科の課題を調査または実験研究し、夏休みにその成果をもってアメリカの高校と交流する。そこで発表して討論するときに、理系英語の力が必要らしい。

　どの高校にも英語の先生はたくさんいる。しかしながら、理系英語を教えるとなると英語の先生方は腰が引ける。モームやヘミングウェイを教えるのなら、抵抗はないだろう。それに対して、リチウムイオン電池で動く電気自動車の仕組みや、二酸化炭素の増加による地球温暖化の対策についての英文を読むのはしんどい。

　英文を日本語文に変換することはできても、内容を理解し、生徒に教えるのはたいへんだ。理系の私だってやりたくはない。私が政治や経済の英文を読んでも、内容がわからないのと同じである。

　しかし、私は理系の人間として、英語の論文を読み書きする必要に迫られた。英語を読み書きできなかったら、給料をもらい続けることはできなかっただろう。英語の論文をそれなりに読めるようになり、英語の論文を書いてそれなりに発表できるようになった。

私の「理系の英語」での苦労話を『理系英語の道は一日にして成らず』という本に紹介して、2012年に出版した。語るも涙、聞くも涙の話がこの本には満載である。また、『ノーベル賞クラス論文で学ぶ 理系英語最強リーディング術』という本も、2007年に出版した。横浜の本屋に寄ったときに、この本が高校の英語の棚に堂々と並んでいたので、唖然《あぜん》としたことがある。でも、確かに理系の英語のレベルは、高校英語のレベルではある。

この2冊のおかげで、留学経験もない私が、「理系の英語」の専門家のように世間では思われている。ただ、私は映画館に行って洋画を観るときには、字幕スーパーを必死に追いかけるし、ビデオを借りて洋画を観るときには、必ず日本語吹き替えに設定する。私の理系英語は、間違いの少ない英語で研究成果を書けるという程度である。今でも櫨《はぜ》山雄二《やまゆうじ》先生の会社「MYU」に、必ず英文校閲《こうえつ》をしていただいている。すると、どのページにも赤ペンが入って返送されてくる。

こうした状況の中から、「先生が理系英語の講師に選ばれました。来校の日程の打ち合わせをさせてください」と、佐野日大SSHチームの先生にメールで依頼されたわけである。全国から選ばれたのだから、光栄ですと言いたいところだけれども、私の経歴から見たら、とんでもなく無謀《むぼう》な話である。

私の高校時代、英語の教科書は『CROWN』だった。英語の時間に先生に指名されて、困ってたどたどしく和訳をしていると、隣や後ろの席から小さな単語帳が回ってきて、それを開いて『CROWN』に当て、言葉を適当につないで切り抜けていた。要するに、英語ダメ生徒だったのだ。SSH＝「SUPER SAITEI HIGH SCHOOL STUDENT（超最低の高校生）」だった。

浪人して予備校の英語の授業を受けたことで、「英語の習得には英文法が必須なんだ。英文法が何よりも大切だ」と気づいた。その後、大学に入って「工業英語」の授業をたまたま受けることになり、理系の日本語文の英訳をすることになって、「こりゃ、面白い」と思った。その辺りから理系の英語に強くなっていったのである。そういう私の経験から、「英文法と英作文が大切だ」「限られた時間で英会話なんてやっている暇はないぞ」と高校生にメッセージを伝えるようにしていた。

来年には「千葉大1名」を2桁に増やしてください

佐野日大SSHチームの強靭《きょうじん》な依頼もあり、それに千葉大への受験生も毎年いるという話も聞いて、結局、私は講義を引き受けた。さすがはSSHということもあって、3

時間あまり「理系英語の読み方・書き方」を教えることになった。大サービスだ。

栃木県佐野市は、千葉から行くとかなりの距離がある。佐野日大での午後いちばんの講義に間に合うように、自宅から直行した。大宮まで出て、東北本線に乗って小山駅(「こやま」ではなくて「おやま」と読む)で降り、両毛線(高崎が終点)に乗り換えて佐野駅に着いた。

ピカピカの新しい佐野駅に着くと、ありがたいことに黒塗りの高級車が迎えに来ていた。普段は校長先生のお出かけ用の車に違いない。SSHチームの先生と運転担当の若い職員の方が、車の脇に立っていらした。駅から学校まで車でも10分程度かかるという。

佐野日大は広大な学園だった。中学校も高校もあるマンモス校である。校門を入ってすぐ左のエリアにバス停があって、バスが4、5台止まっていた。近隣の複数の駅から、生徒がこの学バスに乗って通ってくるのだという。初めての訪問ということで、学園内を案内してくださった。

日大佐野には進学クラスがあって、それに対応する職員室があった。その職員室の入り口には、進学実績、すなわち各大学の合格者数が大きく貼り出してある。

「どれどれ、千葉大には何人来てくれているのだろう?」と上から探してみると、なかなか登場しない。

「あった。千葉大……1名、……」

私は担当の先生にお願いした。「来年は、この1名を2桁に増やしてください。お願いします。そうでないと、千葉大を休んでまでこちらに教えに来る甲斐《かい》がありません」。案内役の先生は、「私に言われても……」という困った顔をしていた。

SSHの生徒向けの模擬講義を行った。中村修二《なかむらしゅうじ》先生（2014年ノーベル物理学賞受賞者、現在、カリフォルニア大学教授）が、青色発光ダイオードを発明した成果を述べた英語論文の一部を読んだ。

講義の後半になると、教室の外から部活中の生徒がランニングしている声が聞こえてくる。私も高校時代の放課後はランニングに明け暮れた。それで気力と体力がついたのだと思う。「君たち、理系英語なんか勉強していないで外で走れ」と私は叫びたかったけれども、招聘《しょうへい》された立場をわきまえて講義を続けた。

高校生の理科の力が落ちてきているのは、理科を教える時間数が減っていることと、それを理解するための国語力が低下していることが原因だろう。国語力がないとそれ以上の英語力は身につかないという単純なことに、私たちは気づくべきである。

高校へ出かけて行って講義や講演会をしてみると、所属学科のPRをしても意味がないことを知る。自分の所属学科のPRなど、ちっぽけな目標であることに気づかされる。

高校生に大学に興味を持ってもらい、できる限り理系志望者を増やすことから始めるしかない。高校の教室や講堂に集まってくれるのは、高校一年生あるいは二年生なのだから、彼らの視野を広げることが先である。

張り切って高校を訪ねて、「理科と数学を勉強して来なさい」などと、理系社会の使者のようなことをくれぐれも言ってはいけない。それでは高校の教育が成立しない。「理系こそ国語と英語、文系こそ数学と理科」と私は熱く、本心から語った。すると、高校の多くの先生が、「その通り！」と私のファンになってくれた。理系志望の高校生が、国語と英語を捨てずに勉強して大学に入学してくると、もともと理科と数学が好きなうえに理解力が備わっているので、能力が大きく伸びる。

次年度も私に依頼が来た。ＳＳＨのプログラムは3年間ほど続くらしい。乗りかかった船でもあるので、再び訪問した。そのときは学園内を見学しなかった。千葉に戻ってきて、『サンデー毎日』という雑誌で佐野日大の千葉大合格者数を調べたら……ゼロだった。「去年、私が行って、かえって減った」。箱入り佐野ラーメンのお土産をもらって喜んでいる場合ではないと反省した。

私の模擬講義の流れ

さて、講義、講義と書いてきたが、私がどんな講義をしてきたかを、ここでお伝えしよう。

高校で実施する「大学模擬講義」では、講義時間80分、質問時間10分、足して90分である。多くの場合、テーマは「理系こそ国語と英語、文系こそ数学と理科」にしている。講義では次のような流れで話をしている。

まず、大学の研究室の構成（教員数と学生数）を、全員スマイルの集合写真で見せる。次に、研究の事例三つ――海水からウランを採取する吸着材を開発した話、酵素を固定した材料で虫歯予防の食品添加物を製造した話、そして福島第一原発の汚染水から放射性セシウムを除去する吸着材を実用化した話――を紹介する。こうした研究の事例から、大学に入って学べることを二つ指摘する。最後に、高校生へのメッセージを三つ提示する。

大学での研究を通して学べる二つとは、一つ目は解答のない問題をもらえて、それに挑戦できることである。高校生なら解答のない問題集を買うはずもないし、そもそもそんな問題集は売っていない。これに対して大学の研究では、これまで誰も解いていない、解決できていない問題を解こうとするのだ。高校の科目に関係なく、必要ならどんな知識でも活用する。研究に参加している学生が、そこで調べたり、考えたりするから能力がアップするのである。

もう一つは、「受信」型の人間から、「発信」型の人間へと変身できることである。高校生は学校に学費を払って、本を読んだり、授業を聴いたりする。これに対して大学の研究では、得られた結果を報告書に書いたり、学会で発表したりする。黙っていたら、何もしていなかったことになる。「こうしてみても、うまくいきませんでした」も研究の成果である。後続の学生は、その失敗につながる道を歩かないで済む。「読む、聴く」という「受信」型から「書く、話す」という「発信」型に、研究を通して学生が変身することで、社会に出て報酬（給料）をもらえるようになるのだ。

高校の先にある大学にいる者としての立場から、高校生には「三つの枠を作らないでください」というメッセージを伝えて、講義を終わることにしている。

まず、「理系と文系の枠」を作らない。いろいろな知識が必要になるので、〝偏った〟勉強はしないことだ。成績は問わない。

次に、自分の入学したい大学の入試が3科目だとか5科目だとかいって、「3教科や5教科の枠」を作らない。英語の問題に、「地球温暖化」「エネルギーや食糧問題」「水不足と造水」についての英文が出てきても、なんの不思議もない。英語、国語、社会の3科目だけを勉強していたら、字面は訳せても内容はわからない。多くの科目は連動してくる。〝絞った〟勉強はしないことだ。

さらに、「学ぶと遊ぶの枠」を作らない。勉強だけしていることは、所詮《しょせん》無理。運動部でも文化部でも、どちらでもよいから活動してみよう。そこには達人やコーチがいたり、伝統や文化があったりする。〝うすっぺらな〟勉強はしないことだ。

高校巡りは、断じて自分のためではない

講義で、ゼロではなくマイナスの状況からプラスの方向へプレゼンを持っていく必要があるときには、西村肇《にしむらはじめ》先生に教えてもらった言葉に従うことにしている。

「プレゼンターは、野球でいえば、リリーフピッチャー（救援投手）だ。最高の球を初めから投げ続けなさい。『あとから調子を上げていきます』では通用しない」という教えだ。

初めは聴く気のない生徒の気持ちを掴《つか》んで、それを掴み続ける工夫を要する。最初に「おや、おもしろいやんけ」と生徒に思ってもらうわけである。それでもスポーツ系部

活の激しい練習のあとだと、生徒は〝睡魔〟に勝てない。「〝すいま〟せん」という顔をして寝ている。

私もそうであったように、普通の高校生にとっては、大学は「ブラックボックス（黒い箱）」で、入試の倍率や科目だけから高校生は大学を見ていると思う。したがって、研究室や大学の先生といってもピンとこないはずだ。

「黒い箱を中から打ち破って、大学の中身を知ってもらうために私は立ち上がった」と言いたいところだけれども、1994年当時、私が着任した千葉大学工学部機能材料工学科は、新しい学科でPRが不足していた。「所属学科の受験者を一人でも増やすために、動き出すしかなかった」のである。

千葉県高等学校教育研究会には進路指導の部会があって、各高校から先生が定期的に集まる。そこでは、文部科学省の指導要領の変更、大学入試の動向などの情報を交換している。その部会で、「千葉大の先生が高校で模擬講義をしたいというので、実施したら生徒が喜んだよ」という話が出ると、「うちでも頼んでみよう」ということになる。匝瑳《そうさ》高校の松田《まつだ》先生は、私を3回も呼んでくれた。

その模擬講義で、匝瑳高校ソフトテニス部の部長であった石原量君という名前の生徒に出会った。私の講演に登場する海水ウラン採取の研究の話に魅了されて（騙《だま》されて）、一浪までして私の学科に入学し、私の研究室を選んで来てくれた。石原君は、博士後期課程を修了し、博士の学位を取り、理化学研究所と東京理科大学で働き、現在は順天堂大学で教えている。

こう言うと、「高校巡りは自分のためにやっているんでしょ」と誤解される。それは違う。これまで25年間に延べ120校の高校や予備校を回って、少なく見積もっても1万人の生徒に出会った。前述の通り、そのうち私の研究室をめざしてやって来てくれた学生は3名である。スカウト獲得率は、3を1万で割って100を掛けて、0・03%である。

高校からの依頼を受けて模擬講義に行くと、「毎年、1名くらいは自分の学科を受けてくれてもよさそうなのに」と期待してしまうのだけれども、そうはならない。理系志望でないかもしれない。工学部志望でないかもしれない。化学が好きとも限らない。そもそも大学への進学を志望しているとは限らない。

というわけで、この高校巡りの活動は自分のためではない。千葉大のPRにもならない。強いていえば、大学という存在のPRである。そう悟れば、下心が消え去り、肩の力が抜けて、よい講義ができるように思える。

丘の中腹に、匝瑳高校のサッカー部と陸上部が使うグラウンドがあって、見晴らしがよい。天気がよかったため、はるか先に海が見えた。私が卒業した都立三田高校には、コンクリートの狭い校庭と、さらに狭い土の校庭しかなかった。そしてビルに囲まれていた。それに比べたら、こういうグラウンドを持っている匝瑳高校はうらやましかった。

素晴らしき哉、かす高！

世の中には、とんでもなくスゴイ高校があるんだ

小学生のころは、春日井《かすがい》の「メロンソーダ」が好きで、夏になると粉末を水に溶かし、氷を投げ入れて飲んでいた。そのため、春日部を「はるひぶ」と読まずに「かすかべ」と読める。

春日部高校の所在地は、埼玉県春日部市粕壁である。粕壁《かすかべ》という点が不思議である。最寄りの駅は東武野田線（東武アーバンパークライン）の八木崎《やぎさき》駅である。この駅の自動改札口を出て1分歩くと、校門にいたる。

この15年の間に、春日部高校の校舎はすっかり新しくなった。落ち着いたグレイ基調の立派な建物である。私が講演をさせていただくホールもすばらしく、NHK紅白歌合戦の会場には少し狭いけれども、のど自慢大会の会場には問題ないと思う。

春日部高校は男子校で、通称「かす（春）高」である。かすというと、酒かすとか花

札でのかす集めとかで、よい印象はない。それでも「かす高（以降、春校）」である。

春高卒業生の一人に、私の研究室を志望してきた中村昌則《なかむらまさのり》君がいた。現在、大正製薬株式会社に勤務している。中村君は私がこれまで指導してきた学生の中で、最も文章のうまい学生であった。中村君の卒業後、25年近く経った今でも、その地位は不動である。

学会の要旨をA4用紙1枚にまとめてもらったときに、一応その道のプロである私が修正する箇所は一つもなかった。普通の学生なら、赤字がたくさん入って、3、4回往復して要旨がやっと完成する。そして、その学生に告げるのだ。『『ようし』、できた！』

中村君は春高で、バレーボール部の副キャプテンとして活躍した。チームは県大会でベスト8まで進んだという。成績は中位だったそうだ。それを聞いた私は、「成績が中位でこんなに優秀だとは。世の中には、とんでもなくスゴイ高校があるんだ！」と思い、早速、春日部高校に連絡させてもらい、訪ねることになった。私もバレーボール部に所属していたけれども、補欠だったし、試合もせいぜい3回戦に進んだ程度だった。

春高の門に着いて、正面を見上げると、渡り廊下に当たる建物部分に垂れ幕がかかっている。関東大会と全国大会に出場が決まった部の名が、10ほど載っている。陸上競技部は全国大会の常連である。私立高校の場合には、全国の中学校から有望な生徒を推薦で集めている場合があるけれども、春高の場合にはそうではない。やはり、とんでもなくスゴイ高校なのだと訪問するたびに感心する。

春高での講演で私がダジャレを言うと、生徒の間から「しぃー」という声がどこからともなく上がり、全体に広がっていく。「しぃー」と伝播《でんぱ》する。講演会場であるホールは音響効果がよいので、合唱団のようでかえって心地よい。この「しぃー」は春高の伝統である。

ブーイングのつもりで発声しているのだろう。「そのダジャレ、イマイチ、あるいはいただけない」という合図である。それを見越した私は講演のときのスライドの1枚目、すなわち表紙に、鉛筆の〝芯〟または〝森〟林のイラストを入れておく。

生徒が「おや、これは何の意味だろう?」と思ったところで、そのイラストの上にかぶせて、「しぃー(ん)」という大きな文字が出るように工夫する。こうして私が先制パンチを振っておくことで、春高生はおそらく私のことを、只者《ただもの》ではないと思ってくれていただろう。

「理系は可哀そう」となめられたからには……

春高の講演会の形式は面白い。講演会の前半に、文系の学部の代表として、一橋大学のW先生が社会学を通して大学を紹介なさる。そして後半に、理系の学部の代表として、私が工学を通して大学をＰＲする形式である。自分の番が始まる時間より早めに到着するので、ホールの袖《そで》からW先生の講演を覗《のぞ》き見て、聴くことができた。

「文系ｖｓ理系」を意識してか、W先生が「私の娘は理系に進学しています。毎日、朝早くから出かけて、夜遅くまで実験があるようです。可哀そうだと思います」と言って、大学生活で理系は灰色、文系はバラ色であるかのような印象を生徒に与えていた。

それはそうかもしれない。しかし、私はW先生の娘さんのためにも、理系全員のためにも、これを見過ごしてはなるまいと心に誓《ちか》った。

まもなくして、W先生の講演は大きな拍手の中で終了した。５分程度の休憩が入った。W先生をホールの袖でお迎えし、ご挨拶した。１年に１回、決まってここでお会いする。W先生をお見送りしたあとに、いよいよ理系代表の私の出番である。

W先生がお帰りになったらこっちのものだ。私は講演の冒頭で、「大学に学費を払っている限り、大学で能力をつけるのがみなさんの仕事です。理系が忙しいのはそれだけプロフェッショナルに近づけるということなんです」と力説した。

しかし、冷静に考えると、文系への対抗意識をここでむき出しにするのはみっともない。理系は文系のことを、逆に文系は理系のことを理解しようというのが、この講演形式の本当の狙いである。この章の冒頭で挙げたCタイプで、春高のこうした試みは生徒の視野を広げる試みとして優れた方式だと思う。

私は、大学進学のときに理系を選択したために、これまで文系に所属することなく生きてきた。しかも、私が通った早稲田大学では、理工キャンパスが文系の学部が集中する本部キャンパスから離れていたために、文系の学生との接触はほとんどなかった。ただし、体育（ウエイトリフティング）の授業で、商学部の学生と一緒になったことがある。向こうの財布には札がどっさり入っていた。アルバイトで稼いだという所持金の違いに驚いた。

それはさておき、私が千葉大学で指導した学生は、JR総武線西千葉駅前に広がる広大なキャンパスで学生生活を送ってきたため、部やサークルの活動で文系の友人がたくさんいる。「文系は実験がないし、そのレポートも書かなくて済むからいいよな」とか「文系では卒業研究は必修でないからいいよな」とか、学生は忙しくなると、理系を選んだ自分をぼやいていた。

大学と大学院で過ごす6年間は、人生の宝物である。その時間の使い方は、その学生の価値観や人生観に任されている。理系、たとえば工学部では、四年生になると卒業研究（多くの場合、必修）のために、毎日毎日、配属された研究室に通い、実験あるいは理論研究を進める。当然、初めのうちは何一つできないから、先輩や教員から手取り足取りの指導を受ける。こうした状況から、先輩や教員との付き合いは一生モノになる。

千葉大学での研究室旅行で、栃木県那須高原の旅館に泊まったとき、私たちの研究室ともう一つ、K大学の文系の研究室（ゼミ）が一緒になった。朝食会場が同じ広いホールで、私が入ると文系ゼミのメンバーはほとんど揃っていて、教授はテーブルの上座に座り、女子学生がお茶碗にごはんをよそって教授に届けていた。文系の教授は雲上人《うんじょうびと》のようだ。

一方、当方の研究室は学生の集まりがわるかった。私は自分でごはんをよそった。日ごろよく雑用を手伝ってくれる学生がホールに入ってきたので、サービスで私がごはんをよそってあげた。

キャンパスツアーで囲い込め

6月上旬に春高の2年生80名ほどが、3名の先生と一緒に千葉大学を訪れる、「キャンパスツアー付き模擬講義」という企画がある。春高の学園祭の代休日を利用している。ここからして春高はエライ。普通なら、ただただ休むだろう。埼玉県春日部方面からここまで、1時間半かけて千葉大学まで来てくれる。

当日午前11時に、JR総武線西千葉駅の改札口から歩いて1分のところにある、千葉大学工学部一号棟前のテラスに春高生が集まる。事前の指導が徹底されているため、遅れてくる生徒は一人としていない。ここもエライ。30分も早く着いて参考書を読んでいる生徒もいる。テラスは、半袖の白ワイシャツに黒ズボンの若い男衆で埋め尽くされる。男女共学の千葉大学西千葉キャンパスにあって、異様な空間である。

西千葉駅に電車が着くたびに、テラスそばの千葉大学南門から入って来る大学生は、通行の邪魔に思ってはいないものの、「なんだろう、この集団は？」と怪訝《けげん》な顔をして脇を通り過ぎて行く。春高生が持っているエナメル製のスポーツバッグに「KASUKABE HIGH SCHOOL」とプリントされていても、歩きながらの短時間では認識してもらえない。

テラスに私が登場すると、千葉大キャンパスツアーの出発だ。ツアーガイドは私、1年に1度の大役でワクワクする。前の日に事務室から借りておいた持ち運びのできる拡声器を肩からかけた。そのマイクを手に取って「千葉大学には三つのキャンパスがあります。西千葉、医学部のある亥鼻《いのはな》、そして園芸学部のある松戸です。ここ西千葉キャンパスの広さは、東京ドーム8個ぶんあります」とお決まりのトークから入り、「この広さは全国の大学の中で5位です」としっかりと千葉大のPRを忘れずに、「みなさん、遅れて迷子にならないように、私について来てください」と注意を促《うなが》す。80名が列を作ると相当に目立つ。

出発場所から3分ほど歩くと、右手にうっそうとした庭園のような場所が見えてくる。広い場所で列を圧縮させて生徒を集め、拡声器からキャンパスの施設の説明をした。「ここは薬学部の薬草園です。天然の植物から薬が見つかることも多くあります」「その向こうには環境安全部の施設、実験で出る廃液を処理しています」

さらに数分進むと、正面に空が大きく見えてくる。グラウンド、体育館、講堂が並んでいる。体育館の入り口から中を覗くと、壁に学生が何名も張り付いていた。へばりついているため、こっちを向いて春高生に挨拶はできない。ロック・クライミングという体育の科目らしい。指導の教授と顔見知りなので私は会釈をした。

グラウンドを横切って、教育学部と附属中学校に挟まれた道を列は進んだ。「師道」と刻まれた石碑の脇を通って、キャンパスの中心へと向かった。キャンパスの中心には、「けやき会館」という立派な建物がある。その建物の正面に、一人でジャグリングの練習をしている学生がいたので声をかけ、事情を説明して芸の披露《ひろう》を頼んだ。その学生は大快く引き受けてくれて、さまざまなジャグリングを見事に成功させた。春高の生徒は大きな拍手で御礼をした。

息の落ち着いたところで、私は再びマイクを使って「ところで、君の出身高はどこですか？」とジャグリング学生に尋ねた。

「埼玉県にある春日部高校です」

「えーっ！」

一同、どよめいた。たまたま声をかけた学生が、なんと春高の卒業生だった。「それほど普通に春高の卒業生が千葉大に入学しているのだ」と、春高生80名ほどと先生3名は、このとき思ったに違いない。

「偶然だね。ここにいる生徒さんは春高生なんだよ」

すると、学生さんは自分の足元に置いてあったカバンから書類を取り出し、

「卒業証書を持ってきました」

と生徒にかざした。一同、どよめいた。〝やらせ〟がばれた。私の研究室の学生がちょうど春高の卒業生で、ジャグリング部の部長だったので、前日に場所と時間を打ち合わせておいたのだ。

気を取り直して時計を見ると、予定通り12時を回っていたので、サービス満点のキャンパスツアーから春高生を解放する時間だ。周囲の講義棟から2限（10時30分〜12時）

の授業を終えた学生が、広場近くの三つの大きな食堂をめざしてゾロゾロと集まってきた。どうだろう、約400名はいる。

しかも、文系の学部に近い位置にいるので、女子学生の割合は50%を超えていた。一同、ざわめいた。男子校である春高生にとっては夢の空間である。今度は〝やらせ〟ではない。

「キャンパスツアーはこれで終了です。1時半に、初めの集合場所の隣にある工学部二号棟2階の201号室に集まってください」と拡声器から春高生に伝えた。「昼食をこの辺りの食堂で、大学生と一緒に食べてください。もちろん、食事代は自腹でお願いします」

模擬講義の1時間目では、当研究室の最新の研究成果を聴いてもらう。その年は、大学院の修士一年生に2名の女子学生がいたので、「3カ月前の卒業研究発表会での内容をそのまま発表してよ」と頼んだ。それに加えて、「春日部高校は男子校だから、勝負服でお願いします」とセクハラスレスレの依頼もしておいた。

当日、二人はフォーマルな衣装で、すっきりした髪型で登場し、通る声で発表した。春高生は真剣に聴いていていた。内容はわかっていないはずである。後日、その模擬講義を手伝ってくれた当研究室の男子学生から、「先生、春高生が使ったトイレの床に鼻血がポタポタ垂れていました」という報告があった。

トイレ休憩のあと、模擬講義の2時間目は私が担当だ。「化学英語」を教える。「大学に進むと理系こそ英語が必要になるのだから、高校生のときに英文法をしっかり勉強しておいてね」というメッセージを伝えて、発音のクイズを10問ほど解いてもらう。

ウィルス、ワクチン、キシリトール、コラーゲンなど、普段、高校生が知っているカタカナ英語のスペルと正しい発音を教える。ウィルスは"virus"と黒板に書いて、ヴァイアルスと私が発音すると、自然に春高生は復唱してくれる。春高生は実に躾《しつけ》がよい。こうしているうちに、模擬講義1時間目の興奮状態は完全にクールダウンされ、先生に引率されて春高生は帰路につく。

半日をかけた「キャンパスツアー付き模擬講義」の企画を経て、春高生の千葉大学に対する評価は、来る前に比べると大きく上昇しているはずだ。毎年、たくさんの生徒さんが千葉大学を受験してくれて、入学してくる。私の学科にも、毎年数名の春高の卒業生が入ってくる。ありがとう、春日部高等学校！

春高には川内選手もいれば、カップ麺をすする生徒もいる

このように春日部高校とは、これまで20年のお付き合いが続いている。春高生が千葉大へやってくる6月の大学訪問、私が春高へ行く10月の進路講演会が、私にとって二大イベントである。これに加えて、私に評議員とSSH評価委員という役が追加された。

春高に私が行くときに、自宅から直接向かうことはない。千葉大を1時半ごろに出発して3時ごろに春高に着くと、講演や会合が始まる。西千葉駅から八木崎駅までに途中3回乗り換えがあるので、寝てはいられない。

ワクワクして春高の門をくぐる。いや、くぐることなく通過する門だ。私がめざすのは、校長室に近い、ガラス張りの正面玄関を入って左手の事務室である。ワクワクしているのは、事務室を覗くとそこに、あの市民ランナー、川内優輝《かわうちゆうき》選手（2019年3月まで埼玉県庁所属、同年4月よりプロランナー）が座っているからだ。

最初はアイコンタクトで終わった。2度目はサインをもらいそこなった。たまたま研究室の学生が川内選手の写真入りの「うちわ」を持っていたので、それを半強制的に学生から譲り受け、カバンに忍《しの》ばせたこともある。そうしたら、東京マラソンの日が近づいていて、川内選手は不在だった。

3度目の会議終了後、教頭先生にその「うちわ」を見せたところ、その努力を認めてくれて、「いいですよ。次回、ご紹介します」と言ってくださった。私を春高の〝内輪〟の人間だと思ってくれたのだろう。なお、私は春高の卒業生ではない。

もちろん次の訪問のときには、正式な色紙を買って行った。サインだけでなく、写真も一緒に撮ってもらい、私の宝物が増えた。今も机に飾っていて、来客があるといちいち自慢している。

それはさておき、「学校評議会」という会議が高校にある。学校を「評」価したうえで「議」論し、改善につなげる「会」議のことだと私は解釈している。学校評議会には、高校内部から、校長と副校長、教頭、事務部長、教務主任、進路指導や生徒指導を担当する先生、生徒会の会長と副会長、そして高校外部から、PTAの会長と副会長、同窓会長、近隣の中学校校長、自治会長、大学教授など、20名ほどが参加する。

総勢20人の年齢差は50もある。大学への進学や部活動の実績、生活態度、地域社会への貢献といった項目について、その年度の目標に対する達成度を点数で表す。それぞれのメンバーが遠慮なく意見を言うので、とても活発な議論になる。肝心なことは、生徒と先生からなる現場を応援することだ。

学校評議会では、校長先生が最近の状況紹介をしたあと、進路指導、生活指導について、それぞれを担当している先生から報告がある。まず、進路指導部から大学受験の結果が報告された。〇〇大学〇名、△△大学△名、そして千葉大学□名と、私が出席していることを配慮して千葉大学の合格者数を詳しく報告してくれる。ありがとうございます。

あるとき生活指導部から、近隣の方からの苦情が紹介された。「下校時に、カップ麺を持ったまま乗車し、車内で汁をすすっていた春高の生徒がいた」という苦情である。私はその情景を思い浮かべて軽く噴《ふ》き出してしまったが、他の出席者は真面目にしていらしたので、私はあわてて咳《せき》をしたふりをしてごまかした。生活指導担当の先生いわく、「その生徒によると、ホームでカップ麺を食べていたら、食べ終わらないうちに電車が来てしまい、仕方なくそうなったということです」。

事情はよく理解できる。部活の帰りで腹が減っていたのだろう。食べ盛りだ。カップ麺の底に残った汁のために、電車を1本見逃すわけにもいくまい。千葉大学の教授会で議論に登場する不祥事と比べれば、ずっとかわいいもんだと私は思って、「この程度のこと、目をつぶりましょうよ」と発言しそうになったけれども、評議員という立場に値《あたい》しないコメントだと思って、発言を差し控《ひか》えた。

この日は12時まで千葉大学で授業があって、その後もメールの返事などをしていて、昼食を取る時間がなかった。西千葉駅から西船橋、南越谷、春日部駅と電車を順調に乗り継いで、八木崎駅に着いたところ、会議まで15分ほどあった。食べ盛りでない私でも腹は減る。八木崎の改札を出て、右に進めば1分で春高正門に着くけれども、この日は踏切を渡って春高とは反対側の地域に出て、「デイリーヤマザキ」でパン2個と野菜ジュースを買い、その前にある公園に入って立ち食いをしていた。

私を知る人がいて、「春高の評議員が、公園でパンを立ち食いしていました」という通報が生活指導部にあったらどうなるんだろう。車内ではなく、公園内なら立ち食いでも許してもらえるだろうか。評議会の進行を忘れて考えていた。

心温まる感想にだって出合う！

優秀な教え子の母校を訪問

私が千葉大学に着任した翌年（１９９５年）のオープン・キャンパスで、私の学科を希望してくれた〝たった三人〟のうちの一人、小川治彦君に出会った。オープン・キャンパスという企画は、夏休みに高校生（本当の狙いは受験生）に対して、「大学を開放する」ことである。

開放といっても、校庭開放とは異なり、学部や学科の説明会や研究室の見学会が用意される。小川君と出会った日は、夏の暑いときだったので、「ガリガリ君（赤城乳業）」を御馳走《ごちそう》したところ、私を気に入ってくれて、一浪して私の学科、さらには私の研究室に来てくれた。小川君は義理堅く、爽快《そうかい》な人物である。小川君の実家は「とちおとめ」というブランドのイチゴを生産している。「栃木の乙女」ということでよい命名だ。

その小川君の母校が、栃木県立真岡（「もおか」と読み、「まおか」ではない）高校である。小川君は、私の研究室で修士を修了後、ゴム会社に就職した。その後、教員免許を取得して、栃木県立日光明峰高校で数学を教えていた。現在は栃木県教育委員会で働いている。

小川君が千葉大学を卒業してからというもの、真岡高校から千葉大学、少なくとも私の所属する学科には、生徒が入学していない。そこで小川君に、真岡高校の先生へ「千葉大の先生がPRに訪ねたい、と言っていた」と伝えてくれるように頼んでおいた。そんなわけで、「近く真岡高校進路指導部の綱川修一《あみかわしゅういち》先生から模擬講義の依頼がありますから、よろしくお願いします」と小川君から連絡が入った。

JR東北本線小山駅まで行き、乗り換えてJR水戸線で下館駅まで、そこで再び乗り換えて真岡鐵道に乗った。真岡鐵道は単線で箱型の車両で、「ミニ鉄《てつ》ちゃん」である私はうれしかった。運転手さんの脇にへばりついて大きく広がる風景を楽しむ。今日は来てよかった。昼に近いせいか電車は空《す》いていた。終点の真岡駅にはSL（Steam Locomotive：蒸気機関車）が並んでいて、駅構内のSL案内を読むと、日曜日や祝日にはこのSLが走るらしい。

昼に着いてお腹が減っていたので、駅前に立ってぐるっと見回し悩んだ末、カレーショップを選んだ。支払いのときにレジで真岡高校の場所を聞くと、「その坂を上がったところです」と聞いて安心した。事前に地図を調べてくるのを忘れていたのだ。急な坂をしばらく上ると、真岡高校の門が見えた。校舎は歴史的に価値のありそうな木造であり、校舎と並んで蔵があった。これは伝統校に違いない。質実剛健な男子校だった。真岡高校は、サッカー部、柔道部といった多くの部が強豪であるため、全国に名が通っているという。

古い木造校舎の音楽室に、二年生全員が集められた。生徒はみな、木製の床に座っている。私は自分の通っていた小学校の木造校舎を思い出した。椅子を出すと、全員が入れそうもない部屋に、生徒は体をぶつけるように座っていて、天井も高くはない。先生が10人ほど部屋の前後に張り付いた。スクリーンへスライドが映し出されると、小学生の夏休みに開催されていた、教室での映画鑑賞会を思い出す。

みな、真剣に私の話を聴いていた。私の足元1メートル先に、生徒が座ってこちらを見上げている。こういう狭い会場のほうが一体感が出る。ゆったりした椅子に座れて天井の高い立派な会場だと、緊張感が薄れ、講義中に寝る生徒が出てくる。真岡高校では、先生に促されることなしに、質問がたくさん出た。

数日後、真岡高校の進路指導の先生から、御礼の手紙とともに生徒の感想文がどっさりと送られてきた。４００字詰めの原稿用紙にみっちり書かれている。10年経った今読み返しても、すばらしいと思う感想文が二つある。

それは私の講義の内容を見事に要約してあった。今の時代にあって、これだけの文章を書く生徒がいる高校はそうはない。やはり小川君を輩出した高校は、只者ではなかった。ここで紹介したい。


〈感想文その1〉


千葉大学からわざわざお越しいただいた斎藤先生の講演会を聴き、今までにない衝撃を受けた。世界中で行われている原子力発電に必要なウランが、海で手に入れられることを初めて知った。「ウランはみんな～溶～けている～」の歌が、どれほど雄弁に真実を語っているのかを痛感させられた。1日1回は歌おう。

そして謎《なぞ》に包まれていたK社の闇の部分をも、斎藤先生は明らかにした。K社が研究していた最高の虫歯予防食品、その食品の研究がなぜ途中で打ち切りになったのか、その理由は「歯科医師の仕返しが怖かった」……なるほど、確かに現在コンビニの数よりも多いと言われている歯科医師に仕返しされては、さすがのK社もひとたまりもないだろう。歯科医師の方々の生活もさまざまな危機にひんしているのだなと感心した。

「理系こそ英語」、英語が苦手な私にとっては発狂しそうな言葉だ。だがこれからは教室を雪山だと思って勉学に励《はげ》もうと思う。

〈感想文その2〉

斎藤教授の最先端技術についての話は、とても興味を引かれ面白かった。今まで真岡高校に来た方々の中でもトップクラスの人だと思う。

いちばん面白い（いろいろな意味で）と思ったのは、ウラン養殖の研究についての話で、大学の研究はとても面白そうだと思った。「高校には答えのある問題しかないが、大学には答えのない最高の問題がある」という言葉にすごく心がゆさぶられ、興味がわいた。

だから私は、絶対に国立大学へ行こうと思った。そのためにすべきことも話してくれたのでよかった。親に「お前は国語力をつけろ」と言われていたが、まさか千葉大の教授に言われるとは思っていなかった。まず新聞を読むことから始めたいと思う。

母校凱旋と田代先生の言葉

高校時代の同級生であったNさんから電話があった。Nさんは、母校である東京都立三田高等学校の同窓会の仕事を手伝っているらしい。そのつながりから、PTA総会の進路講演会で私に話をしてほしいという依頼だった。

母校での講演を依頼されて、普通なら「光栄です」と言って引き受けるところかもしれないけれども、高校時代の情けない思い出がどっと蘇《よみがえ》ってきて、返事に困った。すると、そんなことを知らないNさんは、「田代《たしろ》先生が楽しみにしているって言ってたわよ」と言ってきた。田代先生は、私が高校時代にお世話になった数学の先生である。仕方なく引き受けることにした。

私が3年間通った母校、三田高校はJR山手線田町駅から歩いて約15分のところにある。近くにオーストラリア大使館がある。

三田高に入ってから出るまで、私の学業成績は低迷し続けた。しかも、入部した男子バレーボール部では万年補欠。七、八人しかいない六人制バレーボールの部活での補欠だ。中学校のときにバレーボールをやっていないのに入部したので下手だったうえ、元来、運動神経がよくないために上達も遅かった。身長もバレーボールをするには低かった。

それでも練習だけはよくしていたと思う。放課後だけでなく朝練もあった。そして練習とはいっても補欠なので、ボール拾いに明け暮れた。私が相手のサーブを受けそこなうミスをして終わった試合もあった。その試合はちょうど学園祭のときで、近隣の東京都立城南高等学校との対抗試合だった。応援に同級生がたくさん来ていて、私のミスでゲームセットとなり、「あーあ」というタメ息が三田高の体育館に響き渡ったのを思い出す。自分で自分がイヤになった。そんなわけで、母校にはできるだけ行きたくなかったのだ。

家に帰ると「バタンキュー」で、起きるのは深夜0時。深夜放送を聞きながら、2時間くらいで宿題を途中までなんとかこなし、それから朝まで寝た。こんな生活をしていては、成績がよいはずがない。しかしながら、わるいことだけではなかった。ウサギ跳びや腕立て伏せを繰り返して、気力が養われた。バレーボール部員全員で走って山手線を半周したことで、体力がついた。

三田高では、田代先生に教わっていた数学の成績も低迷していた。浪人してから数学の問題を相当に解けるようになったが、それも高校時代についた気力と体力が浪人時代の集中力を持続させてくれたからだろう。

講演会場である三田高には、30年前に私が通っていたころの校舎はなくなり、立派に建て替わっていた。ＰＴＡ総会の進路講演会が開かれる講堂には、椅子がきれいに並べられていて、たくさんの父母が座っている真ん中辺りに田代先生がいらした。30年ぶりだけれども、私を見てにっこりしてくださった。

恩師の前で、偉そうなことはもちろん言えない。高校時代の成績を思い出すと情けなくなり、バレーボール部での日々を思い出すと泣きたくなるのだ。しかしながら、そんな心情であっても、いつものダジャレ満載の講演を終えた。

講演後、田代先生とゆっくりと話ができた。ふと田代先生は私に、「恭一君、長い間借りていたものをお返しするよ」と、オレンジ色の封筒をカバンから取り出して、私に手渡した。封筒の中には、私が一浪後に受験した早稲田大学理工学部の数学入試問題用紙が入っていて、その裏には私の答えの下書きが書かれていた。

「これを毎年、受験生に見せて教えてきたんだ。採点には直接関係のないところでも、こうやって計算の途中をきちんと書くんだぞと言って、実物を見せるんだ」

答えが合っているのかどうかは不明だけれども、確かにきれいに書いてある。私は、田代先生のところに大学合格の報告に行って、数学の入試問題を見せたら、その問題用紙をそのまま取り上げられたことを思い出した。あれは職員室でのことだった。それが30年経って、私の手元に返ってきたわけだ。

まったく知らないところで、不出来な生徒だった私の答えの下書きが、田代先生を通して見知らぬ高校生のお役に立っていたのを聞いて、私はうれしかった。

進路を高校二年で決めさせる必要などない

ＪＲ成田線佐原駅に降りると、千葉大学の9学部から1名ずつ、教授や准教授が集まっていた。千葉県立佐原《さわら》高校による、千葉大学を志望して入学する生徒が増えてほしいという願いを込めた試み、「千葉大デー」のためである。

駅には講師のリストを持った佐原高校の先生が数名、迎えに来ていた。駅前に停めてあったマイクロバスに全員が乗り込むと、このメンバーの中に知り合いがいなかった。同じ大学とは言いながら、普段は自分の周辺でしか活動していないので、他学部の先生を知る機会はあまりないからだ。

マイクロバスは、佐原の町の狭い道をスイスイと走り抜けて行った。この町は先の戦争のときに空襲を受けていないので、昔の建物、町並み、そして風景が残っている。町の中心を流れる川を渡ったとき、観光客がゆったり歩けるように、その川の両側の道が広くなっていることに気づく。この川沿いに伊能忠敬《いのうただたか》記念館がある。佐原といえば、なんと言っても伊能忠敬である。伊能忠敬は55歳から17年間、日本全国を歩き、日本地図を作成した偉人である。

佐原高校に着くと、大きな会議室が講師控え室として用意されていた。学部別に生徒の希望を取って教室を決めておき、そこへ講師が模擬講義に出て行く型式で実施されるようだ。学部別の講義参加者数の記されたプリントが配られたが、ここで問題が起きた。医学部志望の生徒が3名しかいなかったのだ。1学年300名のうち、たった3名とは。しかし、考えてみれば、医学部に入りたいと思っても成績がずば抜けてよくないと合格できない。だから生徒は敬遠してしまう。佐原高校の先生は、医学部の教授に平身低頭、謝っていた。

千葉大学の全学部が協力するということだったのだろうけれども、医学部の先生を招くのは間違いであった。医学部の教授の中には、病院での診療を兼務している先生もいて、なんとか患者さんと診察日を調整して高校へ来ていることもあるだろう。

先述したように、そもそも学部ごとに生徒を振り分けること自体、私は間違っていると思う。進路を高校二年で決めさせる必要などないのだ。多くの生徒は進路に悩み、結局決められずに適当に学部を選んでいる。それでも最後は自己責任で選ぶのだ。

医学部の教授を招いたら、生徒全員に医学の話を聴かせればよいのだ。文学部の教授を招いたら、やはり志望が文系でも理系でも関係なく、文学の話を生徒に聴かせたらよい。生徒のこれからの長い人生を考えれば、視野を広げておくことが、高校の生徒への真のサービスである。

私が担当する工学部志望の教室には、50名を超す生徒が集まっていた。私は教室に入るとすぐに、「この辺りに大きな砂漠はなかったっけ?」と最前列の生徒に尋ねた。ポカンとしている。「そうそう、『さはら』砂漠だよ」。これでも生徒は顔色を変えない。「そうか『さはら』でなくて、ここは『さわら』だったよね。ごめん、ごめん」と謝るしかなかった。

生徒の心を掴むつもりが離れさせた。そこから挽回《ばんかい》すべく必死に模擬講義をした。私の講義で少しでも千葉大学、ひいては大学に興味を持ってもらえたらと願う。

何もしなかったら受験生は増えませんから

15年ほど前に、千葉大学の学長が出席した大きなパーティがあった。学長と親しい先輩の先生が、私の高校巡りを学長に紹介したいと、私をわざわざ学長の前に連れ出した。千葉大学の入学志望者を増やそうとしているわけだから、お褒めの言葉の一つでもくださると私は期待した。

ところが、学長は厳しい顔をして、「君、本務をちゃんとやっているのかね」と本気で私を叱《しか》った。さらに、「いろいろな高校から頼まれたらどうするんだ。全部は回っていられないだろう」と追及された。私は若気のいたりで引き下がらなかった。

「そんなたくさんの高校から依頼はありません。うちの学科は、何もしなかったら受験生は増えませんから！」

それでも、医学部出身の学長は納得しない。談笑があちこちから聞こえる大パーティの中で、学長と私だけが口論を続けた。学長を護衛する職員の方が、気を利かせて私の前から学長を連れ去った。一方、私を連れ出した先生はすまなそうに脇に立っていた。

「医学部は別格で、放っておいても受験生が集まるから、高校への働きかけが必要ないんだよ。だから、工学部の新しい学科が味わう苦労なんてわからないんだよ」と私は心の中で言い放った。

学生の数が減っていく時代、大学同士の学生の取り合いが起きている。受験の倍率が下がってくると、単に受験者の数の問題だけではなく、入学した学生の質が変わってくる。

「本当はこの大学、第一志望じゃなかったんです」と平気で言ってのける学生が入ってくる。そうなるとお互いに不幸である。そういう学生は残念なことに、スクスク伸びていかない。これほどもったいない話はない。

すべての科目に興味を持って授業を真剣に聴こう

千葉県立茂原《もばら》高校の生徒を対象にして、ノーベル賞受賞の英語の論文を読む会を、茂原市総合市民センターの会議室を借りて実施した。窓から茂原市の半分を一望できた。文系か理系かの志望に関係なく、40名ほどの生徒が集まった。なぜ、茂原高校で開けなかったのかというと、体育館や講堂がクラブ活動のために埋まっていたからである。私はそれを聞いて、生徒や先生がクラブをしている様子を勝手に想像し、自分の高校時代を思い出しながら、茂原高校は〝文武両道〟を実践している高校だと思った。私は〝文武両道〟という理念が好きだ。

保護者が子どもたちに、「受験勉強はたいへんだから、3教科で受験できる私立大学にしたら」と悪魔のささやきをしないように、私は講演で「国立大学をめざしなさい。5教科を最後まで続けよう。いや、すべての科目に興味を持って授業を真剣に聴こう」と熱く語った。結果として私立大学に進学することは、もちろんいいのだけれども、初めから3教科に絞っては、結局、自分のクビを自分で絞めることになるからだ。

大学の教員の高校生に対する願いは単純だ。高校の科目を一通り、それなりに習得してから大学に入ってきてほしいということだ。そうでないと困るからだ。

たとえば、覚えている英単語の数が極端に少ないと、英文を読むスピードが上がらない。また、理科のうち、化学と物理のどちらかを捨て去ってきても、大学の一、二年生で両方ともに必修科目（これが通らないと卒業できない科目）として登場する。あまりにできないと、大学から「予備校に行って補習をして来なさい」と勧められる。もちろん自腹でその受講料を予備校に支払う。入学してから予備校に行くという逆転現象が生じるのだ。バカバカしいったらありゃしない。

国立大学の学費は年間54万円、理系なら大学院まで進学する場合が多いから、6年間で約320万円だ。理系の私立大学なら、6年間でその2～2・5倍、640万～800万円かかる。それだけ払うのに、高校で習っておくべき必要最低限の学力がないまま〝無理して〟現役で大学に入ると、大学で成績は低迷する。

すると、成績がわるいから奨学金はもらえない。奨学金がもらえないからアルバイトが多くなり、勉強する時間が減る。本人は自信を持てないから就職活動もうまくいかない。こういう悪循環の入り口が、「現役合格」第一優先の先に待っている。

「イチロー」は活躍する。いや、「一浪」すると好循環の入り口に立てるのだ。こういう主張をすると、生徒の保護者は「うちの子に浪人させるのは可哀そう」と保護者らしいことを言う。浪人してダメになるような子なら、大学卒業後に社会の厳しさに耐えられないだろう。真の保護者になってほしい。

私も浪人をした。振り返れば、授業のプロである予備校講師に数多く出会えたし、苦手な科目をかなり克服できた。浪人はつらいように見えても、充実した時代だった。高校生が「現役合格」のために部活動もやめ、放課後になると「現役予備校」の授業を受けるなんて、もったいないったらありゃしない。高校生は勉強ばかりしていられないはずだ。

第二章

市民にも「理科」に馴染んでもらおう

千葉大教授は予備校にまで行く！

高校生と違う「予備校生」という存在

ここまで話してきた高校での講演は、「大学模擬講義」とか「進路講演会」とかいう名称で実施され、高校一、二年生が聴衆だ。大学での講義をそのまま高校でしたら、みなを眠らせてしまうだろうし、将来の進路を真剣に語ったら、みなを悩ませてしまうだろう。大学受験はまだ先の話なので、受験の話はしないことにしている。

だから、教科書には載っていない、「異次元」でありながら「身近な」話をするようにしている。イラストや写真をふんだんに採り入れたスライドを、スクリーンに大きく映し出しながら、スライドの内容を快活に説明しようと努める。ダジャレや雑学も披露するのが有効だ。普段、高校の授業は50分間なので、大学模擬講義の90分間、真面目にやられたら生徒にはしんどい。飽きてしまう。

最後には、「高校にいる間に知力、気力、体力をつけて来てね」と要請する。また、「勉強だけできてもダメなのよ。熱意、誠意、創意を鍛えて来てね」とアピールする。「成績は気にせずに全科目、授業を真剣に聴こうね」と語気を強める。会場の後方や壁に沿って聴いてくれている先生へのサービスも忘れてはいけない。

自分の高校時代のことなど完全に棚に上げて、私は熱弁を振るう。そのために、講演のあとはたいへん疲れる。懺悔《ざんげ》したい気分だ。

一方、夕方から始まる予備校の講演では、浪人生や高校三年生が相手だ。ここでは、受験する学部や学科の選択に役立つ話をする。

予備校の講演で、「勉強だけできてもダメなんだ」「大学は入ることが目的ではなくて、入ってからが大事だ」なんて言ったら白けてしまう。「理学部は自分の興味のあることを深く追究していくのに対して、工学部は社会の課題を解決していきます」と、理系の学部の違いを予備校生に説明する。

「工の文字の上の横棒が社会、下の横棒が学問、それをつなぐのが工学です」と理学部より工学部を暗に勧める。千葉大学にも理学部があるけれども、ここでは仁義なき戦いとなる。理学部のみなさん、ご容赦《ようしゃ》ください。

ありがたき河合塾「千葉大理系コース」

繰り返しになるが、1994年2月に転任してきた学科は、不人気学科になっていた。この「機能材料工学科」という名称の学科には、初めのうちは新しさも手伝ってそれなりに多くの受験生が集まったけれども、2年も経つと人気が降下していった。40歳になったばかりの私は、学科と自分の先々が心配になった。

そんなときに、先輩教授が河合塾西千葉校の校長先生と旧知の仲だと知り、紹介していただいた。学科のPRのため、河合塾西千葉校で講演をさせてほしいと申し入れた。

JR総武線西千葉駅の改札口を左に出て1分ほど歩くと、千葉大学の南門に入る。右に出てやはり1分ほど歩くと、河合塾西千葉校の入り口に着く。千葉大学の建物よりも河合塾西千葉校の建物はデザインがよく、エントランスも明るく広々としていた。千葉大理系コースが設置されていたので、「これはしめた」と思った。

さっそく講演会の開催が決まった。私にとっても初めての予備校での講演である。教室に行くと、OHP（オーバーヘッドプロジェクタ：文字やイラストを書き入れた透明フィルムを映し出せる装置）とスクリーン、その脇には大きな花瓶に立派な花が活《い》けてあった。これは待遇《たいぐう》がよい。こんなことはめったにない、いやあれ以来ない。

浪人生や高校三年生合わせて40名ほどが参加していた。講演では、直接には学科のPRをしないことにした。ここに来ている理系志望の生徒のうち、私の所属学科を志望しているのが1名でもいればラッキーなのである。

工学と理学との違いを自分の研究課題を例にして語った。なにしろ、生徒には初めて聴く内容だ。わかりやすい話をして、大学の工学部で行われる研究の面白さを味わってもらいたい。「千葉大工学部の先生の話、面白かったなあ」と言ってほしいのだ。この評判がやがて周囲の人、たとえば親や友達にジワジワと伝わっていく。これが学科のPRになるのだと、勝手に信じて講演しないとやっていられない。

普段は予備校講師の先生が登るであろう高めの演台に立って、私が講演をしていると、教室前方のドアにある狭い四角窓から、薄緑の作業服を着た若者がこちらをちらちらと見ていることに気がついた。「おや、誰だろう?」と気になった。すると、今度は後ろのドアの窓から掃除の手を休めて覗いている。

講演後に館内を見渡すと、その作業服の若者は掃除を続けていた。私に気づくと近寄ってきて、「先生、たいへんですね。ここまで来ているんですか?」とニコニコしている。顔全体を見ると、なんと私と同じ学科に所属する二年生だった。授業で見かける顔だ。「夕方から、ここでバイトしているんです」と私に告げた。

予備校の担当者に聞くと、千葉大の学生が、掃除のほかにも模試の監督補助、資料の配付、そしてチューターといったアルバイトをしているという。「ありがとうございます」と、学生の生活の一部を支えてくれている西千葉校に御礼を述べて、掃除も終わり閉館間近の西千葉校をあとにした。

「斎藤先生」からのたいへん貴重な激励？

ある日、「先生、今日の18時から30分ほど、こちらへ来てくださいませんか？」と熱《ねっ》烈《れっ》に頼まれ、河合塾西千葉校に向かうことになった。その日は大学入試前日だったため、どうせ大学を早く退去することになっていたから好都合だった。

「いいですよ。行きます。なんですか？」

「ハイ、千葉大受験生の壮行会です」

こうなると日ごろお世話になっているので、断りにくい。

約束の時間に壮行会の会場である教室の前に行くと、担当の職員の方が前方のドアの窓から教室内を覗いている。私も順番を待って覗くと、中は満員で、熱気でムンムンしていた。教室内にいる司会進行の職員の方が叫んだ。

「みなさん！ 今日は、みなさんのために、千葉大学工学部の斎藤恭一先生が激励に来てくださいました！」

わざわざマイクを使って言うので、廊下まで聞こえてきた。

「そっちが呼んだから、軽い気持ちで来たのに……。まあ、こうなったらどっちでもよい」。ドアが開き、私は押されるようにして演台に立たされた。受験生が注目している。

「明日、試験にどんな問題が出ますか？」とは思ってはいないはずだが、少しは気の利いたことを言わないと、顰蹙《ひんしゅく》を買う状況である。

「合格ラインには、1点差の人がたくさんいます。最後まで諦めずに問題を解いて、1点でも多く取ってください」

……当たり前のことを言ってしまった。司会の方が、「斎藤先生から『貴重な』アドバイスをいただきました。斎藤先生、ありがとうございました」と盛り上げてくれて、受験生から拍手が起きた。私は思わず、「4月にキャンパスで会おう！」と再び激励した。受験生には、河合塾特製の「合格鉛筆」が配られていたようだ。

その後しばらくして、河合塾は西千葉校を閉鎖した。「研数学館」という財団法人が、受験生の人口が減っていくことを見越して、予備校を廃業し、それにともなって研数学館の津田沼校を河合塾に売却したらしい。校舎移転のため、河合塾は西千葉を去っていった。このことで、河合塾西千葉校のすぐそばにあったローソン西千葉店は、県内一の売上高を誇る地位から、普通の売り上げの店に転落したという。

それでも、千葉大の学生さんはたくましく、河合塾津田沼校や千葉校でアルバイトを続けている。なお、気の利いた激励スピーチをできなかった私にはあれ以来、壮行会への出席依頼は来ていない。

代ゼミの経営の厳しさを、必死の形相に思う

予備校として有名な代々木ゼミナール（代ゼミ）も、受験生へのサービスとして、できることなら大学別の大学説明会を開催したいらしい。千葉県ＪＲ総武線津田沼駅から歩いて3分ほどの距離にある代ゼミ津田沼校（２０１５年に閉鎖）であれば、千葉大志望の学生が多いので、こちらにとっても大学説明会をするのに都合がよい。私がした「千葉大学説明会」の申し出には、すぐにオーケーが出た。

私が物理を好きになったのは、代ゼミのおかげである。浪人時代に代ゼミで「前田の物理」というゼミを取った。前田《まえだ》和貞《かずさだ》先生は、物理を苦手にしていた私を、１年間で得意にさせた。前田先生独自のさまざまな解法を教え込まれた。今でも前田先生の著書の

1冊を、自宅の書棚に並べてある。私の例を引くまでもなく、先生の教え方一つで、その教科を好きにも、いや得意にもなる。

千葉大学説明会といっても、私の話の内容は「理系こそ英語、文系こそ理科」だ。千葉大学における学部ごとの入試問題の特徴だとか、その対策だとかは、予備校の分析のほうが詳細かつ的確である。

今ならパソコンとプロジェクタを用意すれば済む話だが、25年ほど前の講演では、OHP用の透明フィルムに文字やイラストを印刷したものを使うのが主流だった。したがって、講演にはOHPがどうしても必要だった。ところが、代ゼミにはOHPがなかった。津田沼校の校舎の屋上にはパラボラアンテナがあって、人気講師の授業を衛星で全国配信しているのに、OHPはなかった。

仕方ないので、研究室にある持ち運びのできる「相当に重い」OHPを、私が当日持っていくことになった。スクリーンも当然ないので、黒板に模造紙を一時的に貼って代用することにした。

予備校は競争が激しい。首都圏にはもともと駿台予備校があった。名古屋にあった河合塾が東京に進出し、早稲田アカデミーとか東進ハイスクールとかの新顔も登場していた。そのころから、「現役予備校」という名称の予備校まで登場していた。私からすれば、予備校は浪人生のためにに存在するものだったが、そうではなくなっているらしい。受験生の奪い合いが続いていた。予備校の経営は厳しいのだろう。ＯＨＰ、スクリーンといった余計なものを購入しなかったのも仕方ない。

私が訪ねると、予備校のエントランスにいろいろ資料が並べられていて、その中の一つに「千葉大学説明会を開催！」というチラシが置いてあった。そのチラシは薄い緑色のＢ５サイズで、「ありがたい」と思い手に取ると、何やら裏にも印刷がある。裏返してみると、次の週に開催される「筑波大学説明会の案内」という文言が載っている。やはり、予備校は経営が厳しい。

予備校と大学は、高校と大学の関係よりも「入試」という点では密接に結びついている。したがって、講演料などはいただかない。無報酬なのに、相当に重いＯＨＰを西千葉から持って来た私を見て、さすがに津田沼校事務局の担当者は申し訳ないと思ったのだろう。講演が終わると、「先生、明日、千葉大学にこのＯＨＰをお届けします」と提案してくれた。お言葉に甘えて、帰りの私の身は軽くなった。

暑い夏の翌日、その担当者ではなく津田沼校の若い女性職員が、私の研究室までＯＨＰを運んできた。額に汗をかき、息が上がり、深刻な顔をしている。「どうもありがとうございました」と私が声をかけると、

「先生、すみません。この建物の入り口の階段で転んでしまいまして、そのときに、この装置を床にぶつけてしまいました。大丈夫でしょうか？」

私は心の中で、「大丈夫じゃなかったら弁償になる。そうしたら、あの経営が厳しい予備校では、あなたはひどく叱られる。いやクビになるよ」と思った。仕方ないので、「大丈夫、大丈夫」と、その女性を津田沼へ帰した。

帰ったあとに、おそるおそるＯＨＰの電源を入れ、点検したところ、プラスチック製のカバーに汚れやキズはついていたが、明るくライトは点いて使えた。その後、このＯＨＰを使うたびに、あの若い女性の必死の形相を思い出すことになった。

「この人は何者だ？　こっちは人生かかっているんだ！」

高校の先に大学があり、しかも大学が入試問題を作成しているのだから、大学入試問題を大学の先生はスラスラ解けるだろうと思われているかもしれない。

たとえば私の場合だと、千葉大学で「化学英語」「微分方程式」を学部生に教え、「高分子製の吸着材」を使って「金属イオンの除去」「タンパク質の精製」といった先端研究を進めてきたのだから、「英語」「数学」「化学」「生物」あたりのセンター入試や個別入試の問題に解答するのは、「朝飯前」だと思われるかもしれない。ところが、実際には「朝飯後」でも解けない。私が受験生になり替わったら合格できない。

大学入試の試験監督の業務は、教授の仕事である。50名ほどの受験生が収容できる教室（試験室と呼ぶ）で、監督者と監督補助者（准教授や助教）とがタッグを組む。この業務でミスをすると新聞に載ってしまうから、受験生ほどでないにせよ、教員も真剣だ。試験開始時刻の5分前までには、問題冊子1部と解答用紙数枚を受験生に配付し終える。最前列の受験生に束で渡して、後方に回してもらうのは厳禁だ。タッグを組んだ2名で、手際よく一人ひとりに用紙を配付する。

配り終わると、全員で静かに開始時刻を待つ。この静けさが私は好きではない。受験生は私の顔を見て、「この人は何者だ？」と怪訝な顔をしていたり、「人生かかっているのだ！」と怖い顔をしていたり、目をつむって集中力を高めようとしたりする。「迷走」いや「瞑想」にふけっている受験生もいる。

私は時計の長針をじーっと見ながら、開始時間になると、「解答始め！」と静けさを切り裂《さ》く。すると受験生は、鉛筆やシャープペンシルを持つ。ここからは誰でも問題を見てよい。試験室には問題冊子と解答用紙が余分に用意されているから、しばらくして私は問題冊子の一部を開き、「今年はどんな問題が出てるの？」と声を出さずにつぶやく。

解いてみようと、問題用紙の余白にペンを走らすが、すぐにペンは止まる……解けない。「よくこの問題を短時間で解けるもんだなあ」と、数年前に入試を受けて合格し、配属されてきた自分の研究室の学生を一瞬だけ尊敬する。一方で、ダメ学生を思い起こすと、「どうやって入学して来たんだ?」と不思議な気持ちになる。

問題の解けない私でも、たまに「入試問題作成・検討委員」に選ばれて、問題を作る羽目《はめ》になる。選出された瞬間から気が滅入るが、やむをえない。各出版社から出ている最新の「高校の教科書」を5冊ほど入試課から借りるか、あるいは本屋の大学受験コーナーで最近の問題集を自腹で購入することになる。教科書の範囲を超えないように、間違いのない問題を作る作業がそこから始まる。

複数の教員で問題を作り、複数の教員で試答《しとう》し、複数の教員で点検するのに、複数の大学で複数の問題の訂正が起き、ニュースに取り上げられる。あまりにひどいミスだと、大学が謝罪会見を開くことになる。会見には大学の入試担当の幹部が3名出席して、同時に頭を下げ始め、同時に頭を元に戻している。

入試問題を間違いなく作れるのは、予備校の先生だということに気づいて、問題作成を予備校に依頼しようという話が出たことがある。しかし、私の周辺ではまだそうなっていない。「なんでだろ〜」とテツandトモさんに歌ってもらいたいくらいだ。「大学の

「予備校に入試問題情報の管理を頼むのか！」「予備校の先生って、入試問題も作れないのか！」といった批判の声が上がったのだろうか。

安河内先生をお迎えするぞ

ある日、自宅近くの駅から見えるビルに、「東進ハイスクール」と書かれた目立つ広告が貼り付けられていた。東進ハイスクールは、私の浪人時代（1972年）にはなかった予備校だ。この予備校は基本的に、先生は液晶ディスプレイの中にいる。名物講師による講義を映像で視聴し、内容を理解できるまで繰り返し学習するシステムを売りにしている。

その広告を見ると、名物講師の一人、英語の安河内哲也《やすこうちてつや》先生が、特別公開授業をするという。普段はディスプレイの中にいるから、生身ではないわけだ。大学受験生なら誰でも知っている英語講師だ。本屋で受験参考書のコーナーに行くと、安河内先生の本がずらりと平積みされている。「平積み」は売れている証拠である。

私が所属学科で、「化学英語1」と「化学英語2」を教えることになっていたころだったので、この授業に潜入して名物講師である理由を探ることにした。当日、会場に行くと、受験生の保護者と見なされたらしく、教室の後ろに2列で用意された保護者席に案内された。安河内先生の教壇は、はるか先にあった。前方の席には受験生が続々と詰めかけ座った。

授業時間の10分ほど前になると、予備校の若い職員が登場して、安河内先生を迎えるリハーサルを始めた。拍手の練習である。安河内先生が入場、退場するときには、大きな拍手で迎え、見送るわけだ。教室は満杯で、その全員が拍手の練習を2〜3回、入念に行った。不思議なことに回を重ねると、会場が盛り上がっていく。そこに本物（安河内先生）が、教室の後方から飛び込んでいらした。拍手と歓声が上がった。

華々しく始まった安河内先生の講義に、私は感銘を受けた。私を感動させるための講義ではまったくないだろうに。おそらく、教室にいた誰よりも私は熱心に講義を聴き、最も深く安河内先生のメッセージを受け止めたと思う。福岡の田舎の出身で成績が振るわなかった先生が、ＴＯＥＩＣ満点にまでいたった経緯。恩師である國弘正雄《くにひろまさお》氏との出会い。「自分は特別な人間ではなかった。だから、あなただってできる」。そんなふうに受験生を鼓舞《こぶ》しているように私には思えた。

演習問題のプリントが配付されると、安河内先生はその演習問題を解説しながら、英文法と発音記号の大切さを述べた。精読を徹底的にしなさいと説く姿に、私は「その通り」と声を上げたくなったくらいだ。すばらしい、安河内先生。

安河内先生の50分に及ぶ熱く、濃い授業が終わった。受講者を代表して高校生の一人が教壇に上り、安河内先生を前にして感謝の言葉を述べた。さらに、さっきの職員さんが花束を用意していて、やはり高校生から安河内先生に手渡された。「ありがとう」と快活な声を張り上げながら、安河内先生は大きな拍手に包まれ、素早く退場した。

興奮状態の教室で、職員さんが「みなさん、出口で安河内先生の本を販売します。安河内先生がその場でサインをしてくださいます」とアナウンスをした。受験生、保護者の順で教室を出る。出た先には、安河内先生がサインをする机があった。このライブに参加したほとんどの受験生が並んだが、私はその後ろをすり抜けて、出口にたどり着いた。ここで受験生と並ぶのも妙な気がしたのである。しかしながら、感銘を受けた私は後日、本屋さんで安河内先生の参考書を2冊購入した……やっぱりサインをもらえばよかった。

予備校の名物講師の授業は格段にうまい。そうでなければ、受講生が集まらずにその講師はクビになっているはずだ。高校の新米教師が、予備校に通って授業を受ける研修があるわけもわかる。教える内容の選択、時間の配分、話し方、黒板の使い方、問題の解法など、さまざまな工夫がなされている。

私の場合、現役で受験した大学にすべて不合格だったので、駿台予備校に通った。そこで、「現代国語」の藤田修一《ふじたしゅういち》先生から、現代文の読解法と漢字の大切さを学んだ。また、「英語」の伊藤和夫《いとうかずお》先生からは、英文の読解法と英文法の大切さを学んだ。隣の人との距離も前後の机の間隔も狭い教室で、授業を集中して聴いたものだ。

「物理」は駿台予備校の名物講師の授業が難しかったので、代々木ゼミナールで前述した前田和貞先生の「物理」のゼミを取った。図を使った解法がわかりやすくて、前田先生に惚《ほ》れ込んだ。

浪人時代にこうした名物講師に出会えたおかげで、苦手な科目の問題を解く「方法論」を学ぶことができて幸せだった。「先生という職業は、生徒や浪人生の人生を変えられるんだ」ということを、身をもって知ることもできた。

大学で教える立場になった私も、そうありたいと思ってきた。現在の名物講師である安河内先生の授業は、受験勉強に役立つように教えているだけではなく、生涯にわたって役立つ英語学習の方向と方法論を教えていた。そこに私は感動したのである。

「市民講座」という他流試合！

盛り上がらない……、ああ盛り上がらない

大学の教員だからといって、大学生だけに教えるとは限らない。大学には、市民向けの講座、すなわち「市民講座」という催《もよお》しがある。私立大学は、この市民講座を大々的に行う。

通勤電車に乗っていると、土曜日や日曜日に「〇〇大学・市民講座」が開催されると書かれた吊り広告や貼り広告を見かけるだろう。講師は3名くらいで、そのうちの一人は、その大学の卒業生で著名人であることが多い。お客さんを集めるためだ。ブランド力を高めようという、私立大学の経営戦略の一つである。

千葉大学工学部でも、学科の持ち回りで市民講座を開いたことがあった。あるとき、私の学科の番が回ってきた。土曜日の午後に5回程度開催され、私の担当日は最終回であった。講演に使うスライドを準備して、150名ほど受け入れ可能な千葉大学の広い

会議室の後ろから入ると、10名ほどの受講生の後ろ姿が見える。前に進んでいくにつれ、年齢構成がわかった。みなさん定年をとっくに過ぎている方々だ。〝高齢〟市民講座だった。土曜日の午後に若者が集まるはずもない。いや、それでよい。

講演をしていても、聴衆はかなり冷静でいる。私のほうで懸命に工夫しても、盛り上がっていかない。始まって30分くらい経つと、目を閉じている人も出てくる。私の講演には、研究内容に関連して「ゴルゴ13」、すなわち「デューク東郷」のイラストが登場するので、普段なら聴衆は喜んでくれるのだけれども、今回はダメだ。ゴルゴ13は歳をまったくとらないので、高齢市民には納得がいかないのかもしれない。

平穏無事に予定の時間で話し終え、質問の時間になった。この盛り上がりのなさから質問は出ないだろうと油断していると、専門的なコメントをもらった。というのも、こうした講座に参加する人の中には、国立の研究所で長く研究に当たっていた方や、企業の研究所でかつて働いていた方が多い。そうした方からすると、20歳も若い私の研究に対し、まだまだ未完成や未熟だと思う点が多くあるらしく、研究の進め方やまとめ方について高度な提案をしてくださった。私は反論できずに、「勉強させていただきます」と答えるしかなかった。

このまま講座を終わってしまっては、なんのための市民講座かわからない。こちらがやり込められたままだ。私は時間をもらって、「みなさん。今、大学はやる気のある学生さんの入学を待っています。みなさんのお孫さんにぜひとも、千葉大学を受けるように勧めてください。お願いいたします」と訴えた。聴衆はこれも冷静に受け流した。最終回ということで、千葉大学はご丁寧にも市民講座の「修了証書」を用意していた。しかも、このタイミングに合わせて工学部長が入室してくる。

名前を呼ぶと声を上げ、手が挙がる。その席から立ち上がる。会議室前方の演台へ進む。工学部長名の入った証書を工学部長から受け取る。拍手をもらう。席へ戻る。着席する。10名ほどなのに、証書の授与に20分以上かかった。ここまでの行為がすべてスローモーションなのである。

こういうときは、代表者1名にお渡しして、他の方には私が証書を席にお持ちすれば済むのにと内心思いながら、一人ひとりに拍手をするしかなかった。

私はこうして市民講座が苦手になった。なにしろ手強《てごわ》いのだ。あれ以来、市民講座の話題は聞かないから、千葉大学工学部では実施していないはずだ。それでよい。

「どうぞ奮ってご参加ください」と言っても……

小学生は、怖いもの知らずだ。JR総武線本八幡駅近くのコルトンプラザのそばに、千葉県立現代産業科学館がある。戦後復興期から高度経済成長期に、千葉県の東京湾岸には製鉄所や石油コンビナートが多く建設されて、千葉の工業生産高は大きく増えた。その「現代産業」である製鉄や石油化学といった産業の仕組みや装置を、県民に、できれば将来を担う小学生や中学生に紹介しようと狙った博物館である。

夏休みに入ると小中学生が理科の自由研究の課題を探しに、よくここへ来ている。親が同行していることが多い。暑いからと自宅でうだうだしているよりも、コンクリートの厚い壁で断熱された建物にいるほうがずっと涼しい。私はこの現代産業科学館に、これまで4回招かれた。

1回目は、「役に立つ繊維《せんい》」の展示に、研究室で開発した機能繊維を出品した。これは大人向けで、2回目からは小学生相手になった。夏休み期間に、私たちの研究室の成果である、貴重な金属を捕まえる吸着繊維や、イヤな臭いをとる消臭繊維の性能を紹介した。実験で性能を示しながら講演するコーナーが、1階入り口ロビーのエスカレータ脇に設置され、長い机の上に実験器具を置いた。その机を見つめることのできる折りたたみ型スチール椅子が、30ほど並べてある。聴衆には椅子だけで、机は用意されなかった。

一人で説明しながらの実験はたいへんなので、中村昌則君という大学院生を同行し、手伝ってもらった。予定の時間が近づくと、館内に放送が入る。

「ご来館のみなさま、これより、1階エスカレータ脇で、千葉大学工学部機能材料工学科の斎藤先生による、役に立つ繊維についての講演と実験が始まります。どうぞ奮《ふる》ってご参加ください」

その効果があったのか、ゾロゾロと小学校高学年らしき子どもや、親に手を引かれた小学校低学年の子ども、あるいはその弟、妹がやってきた。デパートの屋上で開催される「仮面ライダーショー」と似ている。いや、それよりずっと面白くないし、集まりはわるい。

中村君は実験助手という設定なので、洗濯したばかりの白衣を着てきた。私は半袖白ワイシャツ姿である。私がしゃべり始めて5分ほどすると、椅子から溢《あふ》れて後ろに立っている子どもが、親の手を引っ張ってエスカレータに乗り、2階に行こうとしていた。「えっ、実演はこれからだよ」と言いたかったけれども、すでに二人はエスカレータに乗ってこちらを見ている。普段、授業でつまらないからといって、途中で教室を抜けていく学生はいない。そんなことをしたら即、単位をもらえなくなるからだ。しかし、ここではつまらないときには抜けていく。初めからトップギアで話を進める必要があった。

3回目は、館内にある実験室での講演である。半円状の演台に実験台が置いてあって、聴衆は階段状の席に座って実験台を見つめる。クッキングスクールと同じ形だ。斜め上方から、私の実験手順や操作を見ている。こちらは事前申し込みの定員制なので、つまらなくなっても途中で逃げ出しにくかっただろう。

「寒いのでエアコンを切ってください」と叫んだガキんちょ

さて、4回目は講演会だった。実験道具は不要で、しゃべっていればよい講演だ。夏休み平日の午後、約束の時間に間に合うよう汗だくで千葉大学から駆けつけた。現代産業科学館の担当者を訪ねると、「参加者が思うように集まらなかった」と私に謝った。指定の教室に入ると確かにガラガラで、4家族8名が前のほうで私の登場を待っていた。エアコンが効いていて快適ではある。

私は、お客さんが少ないことに耐性がある。座長2名、聴衆2名を相手に、30分ほどの講演をしたこともある。一方、お客さんが多くても、緊張で上がりはしない。大きな体育館で全校生徒1000名、保護者50名、全教員の前で講演をしたこともある。今日のように聴衆が少ないときには、担当者も自ら参加して、聴衆の数を1名増やすのが礼儀である。

私が前方に立つと、目の前に活《い》きのよい小学校高学年らしき子どもが、お母さんと並んで座り、ニコニコしている。元気一杯でお尻が浮いている。「将来を担うこの子どものために、頑張るとしよう」と気合いを入れ、講演を始めた。

講演には、お客さんを楽しませるために、ストーリー性のあるダジャレを三つほど用意してあった。このやり方はそれなりに成功してきたので、今回もその一つ目のダジャレをくり出した。すると、活きのよい子どもが担当者に向かって大声で、「寒いので、エアコン切ってください」と叫んだ。一瞬、私は「そんなに寒くはないだろう?」と思ったのだけれども、そういうことではないと気がついた。

……「ダジャレが寒い」という意味だ。

「この〝ガキ〟め、おじさんを誰だと思っているんだ」と言いたかったが、水戸黄門のように、「ここにおわすお方をどなたと心得る。天下の副将軍、水戸光圀《みとみつくに》公であらせられるぞ」と言ってくれる助《すけ》さんも、格《かく》さんもいない。「ここにいるお方をどなたと心得る。千葉大学の第2回ベストティーチャー斎藤先生であらせられるぞ」と心の中で叫んだ。

隣に座っているお母さんが、「やられた」という顔をしている私に対して、すまなそうにしている。「先生に向かって、ダメよ」とガキを諭《さと》していた。現代産業科学館の担当者は、壁にあるエアコンのスイッチの前で引きつっていた。

私はへこたれずに予定通り講演を続け、ストーリー性のあるダジャレをたまに発したが、そのたびにこのガキは、目で私にダメ出しをした。「このガキには、日本の将来を任せてなるものか！」

単位が欲しいからだとは思うけれども、千葉大学の学生は私の言うことを聴き、途中で抜け出さず、よい学生である。最終回での授業評価アンケート裏面の自由コメント欄に、「ダジャレがイマイチ」と書くに留める程度には大人になっている。しかし、このように大学の教員は、他流試合では気を抜くとひどい目に遭う。特に、〝ガキ〟どもの前では要注意だ。

しかし、授業をする力は確実に上達する。つまらないときには「つまんない！」、わからないときには「わかんない！」と言ってくれる素直なお客さんを相手にしていれば、相手に応じた内容を話し、その相手の知らないことを話して引き込む術《すべ》を身につけることができるのだ。

セシウム吸着繊維「ガガ」の実力！

「分析展2011」での集客における秘策

千葉県には「幕張メッセ」という大展示場がある。最近は、横浜のみなとみらい地区にある「パシフィコ横浜」や、東京のお台場にある「東京ビッグサイト」と催しを奪い合っている。JR京葉線海浜幕張駅で降りて歩道橋を渡り、5分くらいで幕張メッセの大展示場の入り口につながるエスカレータの前に着く。

幕張メッセでの展示を、私は2回行った。許可されて、立派な会場で展示させてもらえるのだから、光栄なことである。けれども、3日間続けて展示場に通うのはしんどい。1回目は千葉県から依頼されて、2回目はこちらから日本分析化学会に頼んで出展した。

1回目は「千葉文化祭」であった。25年も前のことである。場内の特等の場所に、千葉大学用の展示ブースをもらった。そこはメインストリートに沿ったメインステージの脇に位置していて、最終日には主催者代表である当時の沼田《ぬまた》武《たけし》県知事が立ち寄るほど、最高のポジションにあった。展示品の中心は、その当時、研究室で開発していた消臭材料を搭載した「消臭スーツ」だった。

2回目は「分析展2011」である。研究仲間である日本原子力研究開発機構の浅井《あさい》志《し》保《ほ》さん（現在、産業技術総合研究所）が、私に代わって分析化学会に申し込みをしてくれた。今度の展示品の中心は、東日本大震災後に研究室が一丸となって開発し、大量製造に成功したセシウム吸着繊維「ガガ」である。

セシウム吸着繊維「ガガ」

美的センスがある原山《はらやま》貴登《たかと》君に展示のすべてを任せた。原山君は博士課程の学生で、普段から服も靴もおしゃれだ。場所は1回目とは違い、メッセの壁際の小さなブースを割り当てられ、お客さんが必ず通る位置にはなかった。費用もこちら持ちだ。

初日の午前中に、5名ほどの学生と

私が集まった。原山君の指示に従い、ブースで直角に合わさった2面の仕切り板に、大学で事前に印刷してきた説明用の大きなカラーポスターを5枚ほど貼り、正面からいちばん見やすい位置には、吸着繊維「ガガ」のポスターを貼った。

しかし、初日だということもあってか、お客さんの出足がわるい。ブースの前を通り過ぎる人さえ少なかった。おまけに奥にあるため、通路に立ったときに文字やイラストが目に飛び込んでこない。看板とポスターをちらっと見て過ぎ去ってしまう。

「こりゃまずい。もっと目立つブースにしよう、原山君！」

長身で細身の原山君は次の日に、大きな荷物を背負って現れた。私も2日目担当の学生も驚いた。原山君は、千葉大学の自分の机に置いてあった大きなモニターを持って、はるばるここまでやって来たのだ。

そこに、ガガを取り上げたTV番組「みのもんたの朝ズバッ！」の映像から編集した3分間ほどの動画を、やはり背負って持って来たパソコンから映し出し、音声入りでエンドレスで流し始めた。次に、床から2メートル半ほどの高さにあるブースの看板用のアングルから、「セシウム除去用吸着繊維」と縦書きで大きく書かれた模造紙を垂らした。

さらに、吸着繊維ガガをモール状に成形した、長さ2メートルほどの「現物」も垂らした。

ガガは深い緑色をしているので、遠くからでも目立つ。この「朝ズバッ！」「垂れ紙」「ガガ」という3点セットのおかげで、お客さんの入りが一変した。2日目はたくさんの人が千葉大学ブースの前に立ち止まり、「朝ズバッ！」を観て、ガガを見上げた。触った人もいた。

周りのブースにはお客さんは少ない。賑《にぎ》わっているのはうちだけだ。周りからは「説明、たいへんですね」という顔をされたが、これが学生の説明能力を高める練習にもなるのだ。どんなお客さんが来るかわからないので、お客さんの興味や知識レベルを初めの二、三の会話から判断して、応対する必要がある。卒業して会社で役に立つはずだ。「頑張れ！」と私は極力説明を避け、学生を激励した。

「変なおじさん」現る

この分析展には、誰でも入場できるので、〝変なおじさん〟がお昼前にやってきた。こういう人が千葉大学ブースに現れたら、百戦錬磨の私が応対するのが暗黙のルールになっていた。

「千葉大の先生？」

「はい」

相手は気軽に「オレの知り合いの〇〇、知ってる?」と私に尋ねてきた。

「〇〇さんですか? 何学部でしょうか?」

千葉大学は10学部もある総合大学だ。私が特定できないでいると、「園芸学部だ。△△の研究をしていて、有名らしいぞ」という返事。私は学生の手前もあって、〝有名な〇〇先生〟を必死に思い出そうとした……が、ダメだ。わからない。

「すみません。知りません」

私は答えた。完敗だ。その変なおじさんは、困っている私のために、さらに情報をくれた。

「『ジャグリング』とかいうのをやっていて、四年生だよ」

「えっ、四年生ですか?」

私は心の中で、「教員じゃないのかよ! 千葉大学に四年生が何人いると思っているんだ、このオヤジ! 2500人はいるんだ。その一人であるアンタの知り合いを知っているわけがないだろ!」と叫んだ。

しかし、ここ幕張メッセで大人気ない言動は取れない。私は微笑《ほほえ》みながら、「すみません。帰って調べてみます」と心にもないことを言った。この変なおじさんは、勝ち誇ったようにブースを去っていった。私の近くにいた学生は、応対役が自分でなくてよかったという顔をしていた。

この変なおじさんは、午後3時ごろに再登場した。今度は野球帽をかぶり、荷物の詰まったバッグを両手に持っていた。バッグには分析メーカーのロゴや企業名が載っている。

私を見つけて、ニコニコして近づいてくる。よく見ると野球帽にもロゴが入っていた。あれから会場を歩き回って、粗品をもらってきたらしい。分析展の粗品には工夫された品物が多く、私だって粗品が欲しい。

変なおじさんは、帰る前に私に挨拶に来たらしい。来るなり「先生、がんばんなよ！」と言い残し、手を挙げて去っていった。私はそのころには疲れきっていたので、お辞儀《じぎ》だけした。

両手に荷物を持ってうれしそうだった変なおじさんの後ろ姿が、今でも懐かしい。3日間で千葉大学ブースには200名ほどの来場者があったのに、真っ先に思い出すのはこの変なおじさんである。

企業に工場見学や共同研究の打ち合わせに行くと、千葉大学の当学科の卒業生に出会うことがある。自分の研究室の卒業生なら名前も覚えているけれども、他の研究室の卒業生の場合には、顔は覚えていても名前まではわからない。

だから、私が詳しく知らない卒業生から「先生の授業はよく覚えています」と言われると、「第2回ベストティーチャーだからなあ」と、昔は内心で喜んでいた。しかし、この日以降は、〝変な先生〟だったから記憶に残っているのでは、と考えるようになった。幕張メッセに現れた〝変なおじさん〟のせいである。

小学生からお年寄りまで、のはず……

千葉市科学館はプラネタリウムを備えていて、人気の科学館である。この科学館の実験用の教室を使って、市民講座が定期的に開かれている。千葉大学を退官なさった大高《おおたか》一雄《かずお》先生が館長でいらした。

大高先生とは朝の通勤電車で、たまにご一緒させていただいていた。その大高先生からの依頼で、私もその市民講座で「セシウムの高速除去をめざして――吸着繊維ガガの開発」という題目で話をすることになった。

担当者の方からきた「小学5年生以上なら、参加してもいいですか？」という問い合わせには、「大丈夫です。わかりやすく説明しますから」と答えていた。小学生と久しぶりに会えて、話をできるので楽しみだ。研究室の学生と相談し、開催が1月だったので、スライドの1枚目にチーバくん（千葉のご当地キャラクター）がスキーをしているイラストを取り込んだ。

30名ほどの申し込みがあって、当日は実験用の教室が満員であった。しかし、ガヤガヤしていない。教室の前に立つと、小学生はお母さんに連れられて来た一人だけだった。あとのみなさんは〝老老〟男女だ。

私は最初の挨拶で、「今日の参加資格は小学5年生以上ですから、みなさんは確かに当てはまっています」と言い、どっと笑ってもらえた。気を取り直し、全力を尽くすことにした。

今回、大高先生の計《はか》らいで、渡利一夫《わたりかずお》先生が参加していらした。私たちの研究室で開発したセシウム除去用吸着繊維「ガガ」は、不溶性フェロシアン化コバルトを、接ぎ木した高分子鎖を使って、高分子繊維に取り付けた材料である。このアイデアの元をたどれば、渡利先生が高分子製の粒子に不溶性フェロシアン化金属を取り付けた１９６５年の研究にいきつく。

当時は原子力発電所での事故にともなう、セシウム汚染に対処するための研究ではなかったが、放射線医学総合研究所（通称、放医研。現在、ＱＳＴ放射線医学総合研究所）

の研究員でいらした渡利先生が報告した論文を大いに参考にして、私たちは「ガガ」を作ることができたのだった。

その渡利先生の前で講演をさせてもらえるのだから、たいへん光栄なことである。放医研はＪＲ総武線稲毛駅から歩いて15分ほどの高台にあり、千葉大学からも近い。しかも、渡利先生は千葉大学で、非常勤講師として授業を担当してくださっていた。渡利先生と私たち研究グループは、ご縁があると常々思っていた。

直径8センチメートル、長さ1メートルに編んだ「ガガ」を会場に持ち込んだ。それを頭に巻きつけて「こうすると、レディー・ガガです」と私が演技したところ、レディー・ガガをご存じないらしく、聴衆には受けなかった。

かくいう私も、レディー・ガガを長らく知らなかった。レディー・ガガは、東日本大震災の直後に日本を応援してくれた女性歌手で、成田空港に降り立って記者会見したときの彼女の髪の色が緑だった。私たちは感謝の意を込めて、緑色をしたセシウム除去用吸着繊維を「ガガ」と名付けたのだった。

千葉大学内でのプレゼンで、学長をはじめとする執行部の前でも、レディー・ガガの髪のポーズをやって見せたが、まったくダメだった。そのときには、「レディーボーデン（アイスクリームのブランド）でも、レディー・マドンナ（ビートルズのヒット曲）

でもありません」とさらに踏み込んだけれども、まったく受けなかった。私はふざけていない。ただただサービスでやっているのに、相手に伝わらないだけだ。

東日本大震災、そして東京電力福島第一原子力発電所の事故から1年も経っていない時期であり、みなさんの除染《じょせん》に対する関心は高く、私が話しているときは真剣に聴き、話し終えると次々に質問が出た。「フェロシアン化コバルトって、シアンだから危険ではないんですか？」とか、「低放射線量で長く被曝《ひばく》したら危ないんですか？」とか、私の守備範囲を越えた質問には、私に代わって渡利先生が答えてくださった。

小学生の子どもを連れてきたお母さんは、私に喰《く》いつくように質問してきた。

「この繊維、たくさんあるんですか？」

「ベンチャー企業との共同開発を進めていて、すでに大量製造に成功しています。明日にでも届けることができます」

すると、そのお母さんは、「先生、吸着繊維がそんなにいいのなら、なんですぐに使ってもらえないの？」という素朴な疑問をぶつけてきた。私が答えに困っていると、「今度、地元の議員さんに言ってみるわ」と応援してくれた。

講演後に大高先生にご挨拶したあと、渡利先生と一緒に、薄暗くなった千葉の街に出た。この日は渡利先生にとてもお世話になったので、私は御礼を言いながら、持ってきた「ガガ」を差しあげたいと申し出たところ、渡利先生はうれしそうに受け取ってくださった。

「渡利先生に会って、ガガを差しあげたんだ」と後日、私は学生に自慢した。千葉市科学館での市民講座は、一生の思い出になった。

第三章

「学生指導」は
テンヤワンヤ

「ベストティーチャー賞」は断じて名誉である!

「テレビ世代」の学生の集中力は約13分

「大学」を「料理店」にたとえるなら、「授業科目」はメニューに載っている「料理」であり、授業を提供する「教員」は料理を作る「料理人」に相当する。店構えを立派にし、高価な食器を備えても、やはりおいしい料理があっての料理店である。同じように、よい授業があっての大学である。

「おいしい」料理の評価がお客さんによって違うように、「よい」授業の定義は学生によって違う。そこで、お客さんである学生からアンケートを採って、授業を相対的に評価してもらおうという試みが、「授業評価アンケート」である。教員が授業に工夫を凝らし、学生にサービスしてほしいという願いが込められている。

授業評価アンケートの結果から、学科ごとに「ベストティーチャー」を選出し、教授会に参加した多くの教授や准教授の前で、工学部長がその教員に表彰状を授与する。これまで何度か言及したベストティーチャー賞とはこれのことだ。

大学の授業時間は90分である。高校のそれは50分だから、およそ倍だ。冷静に考えると90分は長い。私が所属していた千葉大学工学部共生応用化学科だと、学生は100人もいるので、一人くらいは授業の途中でトイレに抜けていく。90分間の民放のテレビドラマなら、その間に少なくとも5回は「CM」が入る。また、何十億円もの製作費をかけたアクション映画でも、観客を飽きさせないで済む時間の長さは90分間程度であろう。

私の所属学科の第1回ベストティーチャー賞を受けた岸川圭希《きしかわけいき》先生は授業中、だいたい15分おきに担当科目（有機化学）とは無関係な話を入れるそうだ。受賞後の「どうしてベストティーチャーに選ばれたのか」というFD講演会（教員向けの講演会）の中で、岸川先生が授業でのさまざまな技を気前よく紹介してくださった。「テレビ世代」の学生の集中力は、約13分だという特徴をもとにして考案した技だそうだ。

それを聞いたとき、「なるほど」と私は納得した。私の場合、授業に熱中してしまい、定期的に「CM」を入れるのは難しい。そこで、ダジャレおよびそれに準じた代物《しろもの》を、不定期に入れるという技を使う。授業の流れの中でダジャレを思いつくと、予告なしにそれを発する。ところが、自分では十分に満足のいくダジャレの品質になっていると思うけれども、学生には笑えないらしい。

笑えない理由は二つあるという。一つは、学生が授業を集中して聴いていて、私のイマイチのダジャレに気がつかないから。もう一つは、私語を一切許さない方針で行っているピリピリした授業なのに、笑ったりしたら私からどんな仕打ちをされるかわからないからだ。

「面白かったら、我慢せずに笑っていいんだよ」と〝共生〟応用化学科の学生に笑いを〝強制〟しても、ダメなときが多い。私のホット・モットー、いやモットーは、「授業はサービス」だ。

よって、ダジャレが受けないと、その後もダジャレを連発して受けようとする。そして、受けなかったときでも「ありがとうございます」と、「ここにいる学生の誰かには受けているはず」と決め付けて御礼を言うことにしている。

こうした努力が実ってか、岸川先生に触発された私は第2回ベストティーチャー賞を受けた。この受賞はたいへんうれしくて、教授会の場で工学部長からいただいた額入りの表彰状は、私の机の上に常時飾ってある。デザイン学科出身の工学部長が作った表彰状で、デザインがよくて気に入っている。

しかし、当時のベストティーチャー賞に副賞はなかった（今は研究費5万円がつくらしい）。「副賞があるはずだよ」と先輩の教授から言われて、ワクワクして額から賞状を外し、その裏面に金一封を探したけれども、やはりなかった。

「お金のためにベストティーチャーをめざしたのではない」と自分に言い聞かせた。その代わりにGTO（Great Teacher Onizuka）ならぬ、BTS（Best Teacher Saito）という称号をいただいた。千葉大の数人の先生や学生は、私のことを今でもBTSと呼んでくれる。「防弾少年団」ではない。

「授業評価アンケート」なんか怖くない、たぶん……

大学の先生の授業を学生が評価することなど、45年ほど前の私の大学時代には考えたこともなかった。さっぱりわからない内容の講義でも、それは学生の能力不足、または勉強不足と片付けられた。むしろ、こんな難しいことをわかっているなんて、この先生はすごいと思ったほどだ。

千葉大学では2004年ごろから、前期（4月〜7月）と後期（10月〜1月）、それぞれの授業の最終回に、必ず学生全員にA4用紙1枚の「授業評価アンケート」シートを配付して記入させる。

アンケートには、「黒板の字が読みやすかったですか？」「声がよく聞こえましたか?」「話すスピードは適切でしたか?」といった授業当日のテクニックに関する項目と、「指示された予習の量は適切でしたか?」「復習の量は適切でしたか?」といった授業の前後に関する項目がある。総合評価としてある「この授業に満足しましたか?」の項目が、教員としてはいちばん気になる。

すべての項目に対して、5段階評価をマークシートに記入する。受講学生のうち、半分が5、残り半分が4を塗りつぶせば、その項目の評点は4・5と算出されるわけだ。さらに自由記入欄が裏面にあって、両面ともに無記名である。集計結果は大学内のネット上に公開される。

教員としては、「あの先生の授業は、ためになるし、面白い」と言われたい。授業の前夜に、「明日、斎藤先生の授業がある。小テストの対策はもう済ませた。今夜は早く家に帰って寝よう」。あるいは寒い冬の朝、学生が寝床で、「今日は斎藤先生の授業がある。楽しみだ。遅刻しないように早く出かけよう!」。……こんな状況は夢のまた夢だ。

実際には、授業の前夜に、「1週間もう経っちゃったよ。小テストがあるなあ。これから始めたら夜遅くなるなあ。なんてこった!」。翌朝、寝床で、「遅刻すると、小テスト受けさせてもらえないから出かけるか。眠いなあ。斎藤の声、大きくて授業中、寝てられねぇんだよ!」。

こういう学生は、マークシートでは真ん中より左の2や1の欄を塗りつぶす。裏面には大きく走り書きでこう書くはずだ。「声がでかすぎる！」

なぜ無記名かというと、記名にすると成績に影響するかもしれないと学生が思い、授業の評価を正直に書かなくなる可能性を配慮しているからである。しかし、無記名であるため、「仁義なき記入」がありうる。裏面の自由記入欄に、私の場合には「ダジャレがイマイチ」「ダジャレを言う暇があったら、早く授業を終わらせてほしい」などとある。

この程度ならまだかわいい。若い先生に聞いたら、「死ね」と書かれたという。その先生と私が担当している学年が同一であったので、私は年甲斐もなく、授業の最終回にこう言い放った。

「無記名だからといって、何を書いても許されると思うんじゃない。他の授業で、『死ね』と書いた奴がいたらしいが、許さん！」

クリント・イーストウッドの演じた「ダーティ・ハリー」ばりに演技をした。くわえたばこはなくとも、渋味《しぶみ》を出した。この辺りはパワハラスレスレではあっても、そういう学生を社会に出してはいけないから譲れない。

授業評価アンケートで100名の学生に褒められても、1名の学生に痛烈に批判されると、数の比率よりもぐさりと深く心に突き刺さる。授業評価アンケートは教員にとっては怖ろしい代物である。全員を満足させること、全員に好かれることなど、所詮無理である。

教員生活を30年もしていると、全員に好かれる気がしなくなった。こちらがやさしく微笑んでも、キャンディーズの歌のように「微笑がえし」をする学生は、50％程度である。無表情、または関わらないでくれという顔をして、下を向く学生もいる。こういう学生が私を気に入るはずはなく、こちらとしても諦めるしかない。

「退室してよし」と言ったら、本当に出て行っちゃった

授業の冒頭の10分で小テストを課す「化学英語1」という講義で、小テストを出し終われば出席したことにするから、「やる気のない学生は退室してよし」と言った。当然、私の授業を抜ける奴などいるはずはないと自負を持って言ったのに、初めに数名が抜け、それで終わりかと思ったら、その周りの学生が20名ほどゾロゾロと後ろのドアから出て行った。前のほうに陣取った学生は、私のことを可哀そうがっていた。

一度言っておきながら、次回から退室はダメだと言えないので、その前期はそれが毎回続いた。そのときのアンケートには、「雰囲気がわるくなるので、途中退室を許すの

はやめたほうがよいと思います」という、私よりも見識のある学生からの記入があった。「先生が可哀そうなので」というところを「雰囲気がわるくなるので」と言い換えてくれた。いつの時代でも気が利く学生がいてありがたい。

次年度以降は、途中退室を許さないことにした。というより、昨年度そういうことがあったということさえ、次年度の学生には害になると思い、言わなかった。ところが、途中で抜けた学生がいて、トイレだろうと思っていたら、ずいぶん長く帰ってこなかった。

戻ってきたところで、「どうしたと?」と目で質問すると、その学生は手で腹をかばうしぐさをした。ひどい下痢らしい。下痢は英語のスペルも発音も難しくて、"diarrhea"と書いてダイアリウと発音するんだと教えようとしたが、気が利く教員でありたい私は、可哀そうと思い、堪《た》えることにした。

「ベンチャービジネス論」と「なのはなコンペ」

大学には、講義室、研究室、そして事務室の三つしかないと思っていたら、そうではなかった。千葉大学にはベンチャービジネスラボラトリーという施設がある。学部の学生はその存在をほとんど知らない。長い名称なのでＶＢＬと略して呼んでいる。

ＶＢＬは学生に起業家精神を教え、教員の起業を支援する役割を持っている。私は、２００８年から4年間、このＶＢＬの施設長を兼任した。ここには、研究室での普段の仕事とはまったく異なる大切な仕事が二つあった。

一つは、「ベンチャービジネス論」という大学院生向けの講義の運営である。4月から7月までの毎週水曜日に、全15回開かれる90分の講義だ。

もう一つは、「なのはなコンペ」の実施である。「なのはな」は千葉県の県花であり、コンペとは〝competition（競技会）〟のことだ。教員そして学生が、ベンチャー起業につながる研究を企画し、研究資金の獲得を争うのが、「なのはなコンペ」である。

なのはなコンペの会議に私が出席していたとき、他の先生から電話があった。その際に、留守番をしてくれていた学生が、「斎藤先生は今、なのはな『コンパ』に行っています」と言ってしまい、「勤務中に、どこで『コンパ』して遊んでいるの？」と追及されたという。

ベンチャービジネス論15回の講義のうち、10回は学外の方を講師として招いて授業をしていただき、残りの5回は学内の教員が担当する。そのうちの一人が私で、第1回のガイダンスと第2回の講義を担当した。

学外からの講師のみなさんから、普段の学内の講義にはない内容を聴くことができる。起業して会社を経営している起業家から直接、ベンチャーとは何かを学ぶことはもちろん、知的財産権や財務の専門家から実務も学ぶ。講師の先生方はみんな忙しいところを、若い人のために日程を調整して来てくださっている。

毎回の講義の司会進行をするのが、私の役割だった。第1回のガイダンスには、200名ほどの学生がやってくる。定員は100名なので、講義室は立ち見の状態になる。抽選（のちに宿題作文による選考）で受講者を決めると告げ、それからルールを確認する。ルールといっても、マナーの話である。まず、「講演者に向かって、無邪気にあくびをするな！」「居眠りをするな、ましてやうつ伏せになって眠るな！」「ケータイやパソコンを授業中に使うな！」という三つの約束である。

大学院生になって、こんなことまで注意しないといけないのかと思うけれども、100名もいれば、不埒《ふらち》な学生が5名はいる。学内の教員なら、「仕方ないな」と思うしかない。しかし、学外の講師のみなさんに対してはあまりに失礼なので、「もし、見つけたら、一発退場だ」と注意する。

以前に私の授業で、講義室の後ろのほうでマクドナルドの袋を机の上に置き、そこからハンバーガーを取り出してパクつき、ストローでコーラをチューチューと飲んでいた学生がいた。もちろんレッドカードを出し、以後の全回を「出禁（出入り禁止）」としたことがある。

未来の社会人よ、苦難を乗り越えよ

1998年に起業をして、今や150名の社員を持つ会社の社長をしていらっしゃるI氏が、ベンチャービジネス論の講師を務めてくださっていた。社員150名の年間の給料をざっと計算して考えると、少なくとも年間に10億円の利益を出さないといけない。私のように、「親方日の丸」と呼ばれている国立大学法人の教員から見たら、信じられないほどの大きな金額である。

一方、私と梅野太輔《うめのだいすけ》先生（一緒に研究室を運営していた准教授。現在、教授）の場合、大学の研究室では25名の学生を指導していて、人件費は要らない。むしろ学生は学費を納めてくれる。それでも研究を続けるために、年間1000万円を集めるのに四苦八苦している。I氏は起業によって雇用を作り出しただけでなく、利益に応じて国に税金を納めている点でも、社会貢献をしていらっしゃる。

そのI氏の起業にいたるまでの経緯や、現在まで20年ぶんの会社の発展を、たった90

分で語り尽くすのは困難である。I氏は事前に時間配分を考えてきてくださった。滑《すべ》り出しは順調で、起業当初の苦労話をされた。「最初の5年間、休日はなかった」「1日のうち20時間、会社のことを考えていた」「起業のための資金は親類から借りた」「最初の取り引きのあと、銀行のATMに振り込みがあったときには、本当にうれしかった」などなど、相当の苦労をさらりと述べた。

しかし、I氏の会社での仕事の具体例がスライドに映し出されるようになると、どうしてもあれもこれもと話が詳しくなっていった。私はI氏に気づかれないように、自分の腕時計をちらっと見た。I氏が初めに話の流れを紹介した四つの項目のうち、二つの項目が終わった時点で、持ち時間の7割である1時間を要していた。

……遅れている。もちろん、一つひとつのスライドは学生にとってたいへん勉強になる話であるが、起業で味わった楽しい思いを伝える時間が不足し、後半になるとI氏は先を急ぐようになった。

今回、I氏が学生に伝えたかったメッセージは、「起業は苦労が多いけれども、その後には楽しいことがある」であった。それなのに、苦労は十分に学生に伝わったけれども、楽しいことは時間が足りずにほとんど伝わらなかった。学生は「起業はやめておこう」と思ったかもしれない。

しかし、その程度のことしか学べない学生は、起業しても成功しないだろう。私の恩人の一人である福田正彦《ふくだまさひこ》氏（元、旭化成）は、私が企業との共同研究をためらっている若いころに、「大学の先生一人が、1社といえども、その会社の利益の一部を担えるような研究ができるようになれば、日本はすばらしい国になると思います」と私の背中を押してくれた。

それ以来、私はできる限り実用化を意識して、研究を進めてきた。その証拠に、研究室のボスから、「斎藤君、もう少し、大学らしい研究をしてください」と忠告されたほどである。

私はベンチャービジネス論の司会進行役を務めることで、毎回のように新たな感銘を受けた。東京大学産学協創推進本部のイノベーション推進部長でいらっしゃる各務茂夫《かがみしげお》先生から、〝passion（苦難を当然のこととして受け、折れない心でそれを乗り越えようとするエネルギー）〟と〝innovation（これまでにない組み合わせのこと。和訳すると「新結合」）〟の定義をきちんと教えていただいた。学生よりも人生経験の長い私のほうが、その意味を深く理解できていたかもしれない。

このベンチャービジネス論を受講している学生の90％は、就職し、会社人間として一生を過ごすのだろう。しかし、それでも常に社会貢献を意識して、企業で活躍をしてもらいたい。そして、そのときにぶつかる苦難をあえて受けて立ち、それを乗り越えることが、本当の〝passion（「情熱」ではなく「受難」）〟であるということを学んでもらいたいというのが、この講義をされた講師のみなさんに共通の思いであると思う。

学生という名の「未熟者」を引率する！

ビールは一人1杯にしておけ

千葉大学工学部共生応用化学科では、三年生の学生実験という科目の中で、「工場見学」を実施していた。学部四年生や修士二年生になって就職活動をするときに、初めて働く現場を知るのではなく、在学中に工場や研究所を訪問し、学生気分を大人気分に変える機会を作るのが目的である。

工場や研究所に行くと、卒業して5年以内くらいの卒業生が出迎えてくれる。会社がそういう配慮をしてくださるからで、付き添いの教員は、懐かしい顔と会えてうれしくなる。学生が3班に分かれ、別々の3社に向かって大学から貸切バスで出発することもあれば、現地の近くの駅で集合して訪問することもある。

千葉大学の学生150名を引き連れて3台のバスに分乗し、ビール工場の見学に出かけたことがあった。付き添い教員として私が参加した。人数を確認してから最後にバスに乗り込んだら、そこは補助席だった。行きは道路が空いていて、1時間30分の快適な旅であった。

ビール工場が前方に見えてきたところで、私はマイクを握り、次の忠告をした。

「説明の方に向かって、あくびをするな！」

「居眠りをしないように、頑張れ！」

「ビールは一人1杯にしておけ！」

ビール工場の見学は順調に進んだ。私は最後尾について、ダラダラと歩いている連中を押し出した。見学コース最後のお楽しみは、すばらしい展望ホールへエレベータで上がって、生ビールをいただくこと、おつまみ付きである。私が展望ホールに着いたときには、すでに学生は盛り上がり、展望ホールはざわついていた。実に楽しそうだ。

ここは、広大な平野を眼下に眺めながら、作りたてのビールを飲める地上最高のビアガーデンだ。学生が空のジョッキを持って、生ビールのお代わりをもらえるカウンターに向かおうとしていたので、「何杯目?」と軽く尋ねた。「4杯目です」と明るく答えてきた。私はその学生にこう忠告した。

「トイレに必ず行ってからバスに乗れよ！」

ビール工場をあとにし、受付嬢にバスから手を振った。あとは千葉大まで寝て帰れると思っていたら、30分もしないうちに一人、また一人と、学生が補助席に座っている私に訴えてきた。

「先生、マックスです！」

私は内心、「何がマックスだ。だから、『たくさん飲むなよ！』と言っただろう」と思ったが、冷静を保って「少しは我慢しろよ」と伝えた。すると学生から、「先生だってついしたくなるかわかりませんよ」と脅《おど》しとも取れる発言。

運悪く帰り道は大渋滞。帰社や帰宅する時間と重なったためだ。女子学生も、「先生、あとどのくらいで着きますか?」と目が潤《うる》んでいる。バスの中は我慢地獄の様相である。私は「あのできたてのうまい生ビールを、1杯で我慢してやめたんだ！だから、私は大丈夫なんだ！」と叫びたくなった。

仕方なく運転手さんに懇願《こんがん》して、駅からそれほど遠くない地点を通るたびにバスを止めてもらい、〝マックス〟男子や〝うるうる〟女子に、「駅でして、そこから電車で帰れ」と命じた。途中、大きな川が見えたので、その手前で男子学生はバスから降ろし、「土手でしてこい」と提案した。

運転手さんにノロノロ運転をお願いしては、ことをなしたあとに歩道を走ってバスを追いかけてくる学生を拾った。3時間半かかってバスは出発地の千葉大学に戻った。

私は学生に、次の忠告をしておきたい。

〈その1〉

世の中は自分中心で回っていないのだ。ビールをたくさん飲んだらどうなるのかを考えておけ！

〈その2〉

工場見学の案内の女性に、しつこく電話番号を教えてもらおうとした学生がいた。顔を洗ってこい！

私はそれ以来、ビール工場を見学しようという提案があるたびに、その提案を叩き潰した。

製鉄所に行く、雪駄で行く？

自分の学科の三年生約30名を、工場見学に連れて行ったこともあった。ＪＲ内房線蘇我駅からほど近い、ＪＦＥの製鉄工場の見学である。千葉大からそう遠くないし、これまでも何度もお世話になっているそうで、ありがたい。見学の数日前に学生を集めて、「製鉄工場にはきちんとした身なりで来い！」「イヤリングをつけて来るな！」「底の厚い靴（英語だと、"platform shoes"）を履いてくるな！」ときつく言いわたしておいた。

当日、蘇我駅の改札口で13時に集まることにした。付き添い教員が遅刻をしてはいけないので、私は40分前に駅に到着して駅そばを食べ、改札口を出ると、顔見知りの学生数名がすでに来ていた。「君たち、エライぞ」と褒めた。

集合時間の15分前になると、ＪＦＥの担当者の方が、なんと駅まで迎えに来てくださった。その時点で、参加学生リストに記載された学生の半数くらいが集まっている。

不意に一人の学生の携帯電話が鳴った。すぐにその学生が私のところにやって来たので、私は危機を察知して会社の担当者の方から離れ、その学生の伝言を聞くことにした。

「先生、Ｄが今、千葉駅で電車を待っているそうで、10分ほど遅れるそうです」

私はその学生に、すぐＤに電話をして、「お前は今日、風邪を引いて熱が出たため欠席したことにする。あとから工場へ決して来るんじゃない」と伝えるように命じた。

これでひと安心と思っていたら、改札口から集合時間ぎりぎり狙いの学生が数名登場した。そのうちの一人の男子学生の姿に、私は目を疑った。膝までのズボンの下に目をやると、なんと雪駄《せった》を履いていたのだ。「お前は『三社祭』に参加しに来たんか？」と言ってやりたかった。

すぐにその学生を、ＪＦＥ担当者の見えない位置に引きずり込んで、「その履物はなんだ。今すぐに靴を買ってくるか、ここで帰るかのどちらかを選べ」と言いわたした。その学生は、私の気迫ならぬ脅迫に負けて、靴屋を探しに駅から街へと走り出た。

ＪＦＥ担当者の方には事情を説明せずに、５分ほど待ってもらった。新品の真っ白いスポーツシューズを履いた半ズボン兄ちゃんを連れて、ＪＦＥ蘇我工場内にある圧延工程の見学コースを延々と歩いた。私はこの工場見学の報告書に、「雪駄を見て、焦った（あっ、せった）」と記述した。

私は学生に、次の忠告を付け加えたい。


〈その３〉

世の中は自分中心で回っていないのだ。工場見学でお前たちがケガでもしたら、誰がどう責任をとるのかを考えておけ！

〈その４〉

工場の会議室で会社説明のビデオが流れ、すぐに居眠りを始めた学生がいた。冷たい水で顔を洗ってこい！

「新入生」は神様でしょうか？

私が所属していた共生応用化学科の入学定員は、約100名である。したがって、新入生も100名程度になる。アパートやワンルームマンションに住んで大学に通う、いわゆる「下宿生」は、そのうち半数であり、その大半は初めての一人暮らしになる。

学業、アルバイト、そしてサークルや部での活動という三つのバランスを崩して、サークルにのめり込み、成績が下がり続ける。あるいは夜遅くまでのアルバイトのせいで、朝起きられずに午前中の授業に出られなくなる。挙げ句の果てに留年する。そんな学生がいる。また、カルト宗教に入っていく学生も出てくる。大学生はもう大人なんだから、「留年するのは自己責任だ」と言い放ちたいのだけれども、そうした大学は面倒見のわるい大学というレッテルを貼られ、やがて受験生が減っていく怖れがある。

そこで「鉄は熱いうちに打て」という言葉に倣《なら》い、学科で話し合って、入学式より前に新入生を合宿に連れて行くことに決めた。合宿地は旅行会社から意見をもらって、千葉県の南の地、岩井の海岸に近い民宿とその講堂にした。

入学手続きの書類に、この新入生オリエンテーション合宿の案内パンフレットを入れておくのだけれども、他の書類と混ざっていて見落としたり、「合格」に舞い上がってよく読んでいなかったりする新入生がいる。

そのパンフレットには、設定された期限までに指定されたメールアドレス宛に、この合宿への参加・不参加を連絡するよう明記していた。ところが、30人ほどがメールに返事をよこさない。すると、こちらは困る。旅行保険の加入のためには、参加者全員の名前が要るのだ。民宿にも人数を早めに知らせたい。

返事の来た学生のリストを作り、工学部の事務室へ行き、入学願書の束から返事の来ていない学生を見つけて、本人の携帯電話と自宅の電話番号を手書きで写してくる。ここからがたいへんだ。研究室から本人の携帯電話に電話をすると、1回で出る奴がいない。

「どうなってるんだ」と私が叫んでいたら、隣の学生から「携帯に初めてかかってきた相手には出ませんよ」という〝現代の常識〟を教わった。「そうなの?」。それなら自宅に電話だ。

「Hさんのお宅でしょうか。私、千葉大学工学部共生応用化学科の教授をしております斎藤と申します。このたびは、お子様の合格おめでとうございます」と丁寧に挨拶をする。このように立場を述べ、お祝いを述べて初めて信用され、親のうれしそうな声が返ってくる。

1年目はぶっきらぼうだったせいか、親に怪しまれた。入学に乗じて何かを売りつけようとか、振り込み詐欺とかの電話だと思われたらしい。親をまず突破しないと、新入生にいきつかない。

「ありがとうございます。お待ちください」と、ついに新入生が電話の向こうに登場する。ここからは、私は声を〝強面〟にする。「もしもし、H君、入学手続きのときに渡した書類の中に、新入生オリエンテーション合宿の案内があったはずだけど、読んだ？参加できる？」と追い詰めていく。「あれって絶対行かないといけないんですか？」と生意気なことを言ってくる新入生もいる。それでも私は、ぐっと我慢してこう告げる。「ほとんどの人が来るよ」「じゃあ、行きます」。新入生をこの時期、「何様のつもりだ！」とは思わないようにしている。三波春夫さんを見習おう。新入生は神様です。

閑散とするオリエンテーション合宿での玉入れレク

合宿の当日、新入生の90％は参加する。不参加の学生の理由は、引っ越しをするか、祖父母に入学を報告に行くというところである。集まった新入生を前にして、「禁酒、禁煙、禁ケータイ」と大きく黒板に書く。そして、「任天堂やソニーに魂を売るのはやめろ！」と合宿中のゲーム禁止令を厳しく言いわたす。「この合宿は、みなさんの大学生活を充実させるために大切です」と宣言する。

新入生約90名と、世話をする先輩学生6名、そして教員4名が、2台の貸切バスに分乗して千葉大学西千葉キャンパスを出発した。高速道路を使えば、1時間30分ほどで目的地だ。岩井にお昼少し前に到着する。

ここ岩井の海岸は、古くからあるリゾートビーチであり、美しい海岸線はゆったりした円弧を描いている。私が通った東京都品川区第一日野小学校で、夏休みに実施された臨海学校の場も岩井海岸だった。赤いふんどしを身につけて泳いだ、恥ずかしい思い出だ。

男子と女子とに分かれて、2軒の民宿に入った。収容人数の関係で、女性の先輩学生と教員は、女子のほうの民宿で食べる。昼食はカレー、または牛丼だ。食堂で自ら配膳《はいぜん》する。高校の部活での合宿で慣れている者も多く、順調に進んだ。ただ座って膳を待っているお坊ちゃん、お嬢ちゃんはいなかった。

昼食後、男子の民宿脇の講堂に全員を集め、先輩学生の三人が卒業論文発表会での内容をそのまま発表した。パソコン、スライドプロジェクタ、スクリーンを大学から持ち込んでいる。1年間かけて得た研究成果を、7分で発表するのが卒業論文発表会だ。4

年間の学業のゴールである。

新入生には、「自分も4年後にはこうなるんだ」と思ってもらう。合宿後のアンケートには、「よくわからなかったけれども、すごいと思った」「自分がこんな発表ができるか不安だ」と書いてくる。期待と不安を持ってもらう。それでいいのである。

2日目は荒天という天気予報だった。午後に予定しているビーチでのレクリエーションが危うい。先輩学生と相談し、初日に講演予定だった唐津《からつ》孝《たかし》先生に了解をいただいて、レクリエーションを前倒しで実施することに決めた。講演なら室内での実施なので、翌日は雨でも問題はない。

100名がビーチまでゾロゾロと歩いた。新入生たちにとって、友達はバスや昼食のときに隣になった人ぐらいに限定されているので、ワイワイと会話しながら、とはいかない。全員の声を足しても、波の音に負けている集団である。

100名を四つのグループに事前に分けてある。それぞれに1名の先輩学生がリーダーとしてつく。予定通り、初めの競技は「玉入れ」だ。近畿日本ツーリスト（当時）から毎年参加してくださる森《もり》建《けん》二《じ》さんが、綱引き用の長い綱を1本と、玉入れセットを2セットぶん、千葉から軽自動車で運んで来てくれた。4グループ総当たりの競技だ。3分間で砂浜に広げられた100個ほどの玉を拾い、砂浜に打ち立てた籠《かご》にできるだけ多く投げ込む。しかし、開始の笛にも、終了の合図にも、まったく歓声が上がらない。当たり前である。「たった6時間前に知り合ったメンバーが、20数名のグループに分けられて、季節外れの閑散とした砂浜で、なぜ玉入れを懸命にするのか？」と正気に戻れば、誰もこの狂気を理解できないだろう。総責任者である私も、総当たりの途中で「玉入れレク」の失敗に気づいた。

だが、ここまできたら続けるしかない。天気の心配は要らない、青空だ。次は綱引きだ。全長100メートルはある太い綱を砂浜に一直線に伸ばし、左右に分かれてここでも総当たり戦だ。1巡目はやはり低調。ところが、2巡目になると、あるグループが開始の笛の前に全員で輪を作り、声を出し合っていた。この合宿初の感動的な光景だ。「これが青春だ！」と私は心の中で叫んだ。森田健作《もりたけんさく》千葉県知事に見せてあげたいくらいだ。綱を引っ張りながら、「オーエス、オーエス」と新入生の声が、2分ほど東京湾に吸い込まれていった。新入生の顔が元気になってきた。「綱引きレク」のほうは成功だ。

玉入れと綱引きの合計点を出して、順位を発表し、100名が列を作って宿に戻った。このとき1名の学生が、綱引き合戦中にサンダルが砂に埋まって、失くなったと言い出した。先輩学生、全教員、そして森さんが、砂を足や棒を使ってひっくり返した。30分間探し続けても、結局見つからなかった。その新入生は、砂浜に片足だけサンダルを履いてすまなそうに立っていた。

新入生合宿は「遊び」じゃないぞ

ビーチでのレクで、一同お腹が空いた。夕食は地元の魚がおいしく、量も多くて満足した。少し休んで7時から講堂に全員を集めると、新入生の学年を4年間にわたって面倒見る担任、小島隆《こじまたかし》先生による「学生時代を振り返って」という題目の講演だ。高校時代、大学時代、大学院の時代、就職してからこれまで、普段はまったく聴くことのできない打ち明け話をしていただいた。１００名の新入生のそれぞれが、自分のこれまでの人生と比較していただろう。

このあと電子機器を使わないゲーム大会を、先輩学生が工夫して進めてくれる。われわれ付き添いの教員はここで退場。この合宿では、教員はあくまで補助要員である。お兄さん、お姉さんに当たる先輩学生から、さまざまな刺激やメッセージを受けることが新入生には大切なはずだ。

翌朝6時半、朝飯前にビーチに出かけてラジオ体操だ。天気はどんよりしているが、しばらくはもちそうだ。砂浜に約１００名が横に大きく広がった。これまた森さんが持ち込んだカセットテープを再生して、ラジオ体操第一と第二を海に向かって懸命に実施する。眠そうな学生はあまりいない。音楽についてきていない学生を見ると、留学生だった。初めて聴く曲らしい。

海岸に沿ってゾロゾロと歩き、宿に戻って朝食をとった。今日は一日中、講堂に閉じこもる。学生によるプレゼン大会、葉書の書き方演習、そして延期した唐津先生の講演と続く。16時には岩井を出て、千葉大学に18時に戻る予定である。

葉書を2通書いてもらった。高校の恩師と親への葉書である。潮の香りのする直筆の葉書が届けば、高校の先生も安心するだろう。親も今後に期待するだろう。「この葉書は合宿の一貫（正しくは一環）で書いています」とか「まずは謝礼（正しくは御礼）にて失礼いたします」とかいう、漢字や言い回しの間違いには少々目をつぶろう。学生にはたった50円（現在は63円）で、お世話になった人を喜ばせることができると教える。

唐津先生は学生時代の過ごし方を、体験をもとにして熱く語ってくださった。留年したときの不利益を説明しつつも、勉強することだけが大学で学ぶことではないと、学生に伝えてくださった。

この合宿では、バス、民宿の部屋、講堂など、狭い空間で新入生の90％が長い時間を一緒に過ごす。卒業研究のプレゼンを聴く、葉書を書く、プレゼンをする。ときに、砂浜の広い空間で気分転換。担任の先生による、理系での英語の大切さ、留年の怖さ、学生時代のすばらしさなどの話を、お互いの息が聞こえる距離で一緒に聴く。たまに、砂浜で玉入れと綱引きという小学生のような運動。さまざまなことが、仲間を作り、同じ学科だという一体感を生むと主催者側は確信している。

オリエンテーション合宿を実施しても、留年する学生は出るし、成績が落ち込む学生や不登校になる学生は出る。たった2日間の合宿で、すべてがうまくいくわけではない。残念ながら、合宿を実施しなかった場合とは比較できない。

この企画をしなくても目的を達成できるなら、そのほうがよい。お酒をこっそり飲んで海に入ったり、たばこをこっそり吸って火事を起こしたりすることだってありうる。それでも実施するのなら、新入生も先輩学生も教員も、気合いを入れるとしよう。合格「祝い」に「岩井」海岸に遊びに行くのではないのだ。

「研究室」運営とは、まことに大仕事である！

「イロハ」を授ける研究室の毎日

どの研究室でも、研究ばかりしていられない。毎年、研究のイロハも知らない学生が入ってきて（配属されてきて）、研究が少しわかってきたところで学生は出て行く（卒業あるいは修了していく）。私の場合は、毎年25名ほどの学生を三人の教員スタッフ（2018年度なら、教授＝私、准教授＝梅野太輔先生、助教＝河合繁子《かわいしげこ》先生の三人）で指導した。研究指導だけでなく、生活指導もする。

研究室で学生に教える項目をリストアップすると、次のようになる。

〈研究に直接関係のない項目〉

挨拶の仕方、電話・メールの仕方、接客の仕方、お茶のいれ方、掃除の分担、薬品の注文の仕方、薬品の管理、宅配便の送り方、ゴミや廃液の分類と出し方、文書束の紐の

縛り方、安全教育、ドライアイスや液体窒素の扱い方、ボンベの使い方、そして敬語の使い方

〈研究に直結する項目〉

装置の使い方、報告書の書き方、データのまとめ方、図表の作成法、プレゼン用スライドの作成法と話し方、学会での発表、学会誌への投稿の仕方、査読への回答法、そして研究費の取り方

これらのうち一つ目の躾の項目は、家庭での教育がしっかりしていれば、すぐに慣れてできるようになるはずなのに、できない学生もいる。それを叱ったり、無理強いしたりすると、学生が研究室を無断で休むこともある。

少し昔なら、休む日の朝いちばんに、本人が電話をかけてきて、「下痢が止まりません。すみませんが、休ませてください」「実家から呼び出しがあったので、休ませてください」と理由を用意していた。最近では、教員が学生に気を遣う場面が多い。

「親の顔が見てみたい」と思うのだが、その前に「来なくなった学生の顔が見たい」ので、同期の学生に案内してもらって、下宿を訪ねる。下宿のアパートのチャイムを何度鳴らしても、ドアを何度叩いても出てこないと心配になる。

ドアの郵便受けから中を覗く。まるで「借金取り」か「ドロボー」だ。学生についてきてもらってよかった。雨の日なのに下宿のベランダに洗濯物がかかったままだと、余計に心配だ。もしものことを考えると、下宿を管理している不動産屋さんに鍵《かぎ》を開けてもらいたいところだが、最近はお巡《まわ》りさんと一緒でないと開けてくれないそうだ。

「褒めて育てる」それとも「叱って育てる」？

どの研究室でも必ず報告会を開いて、学生の研究の進み具合を点検する。研究が間違った方向に進んでいたら、修正を指示する。全員が会議室へ一堂に会するので、さまざまな連絡もできる。学会発表の申し込み、要旨原稿の提出、卒業および修了証書に記載する本籍の確認の締め切りなど、いろんな締め切りがやってくるので、それを忘れないように学生に注意する。

学生が大学を卒業して社会（勤め先）で活躍できるように、能力を伸ばし高めてあげることが大学教員の最大の使命である。中でも学生が備えるべき能力として、報告書、メール、手紙を書く能力は特段に重要だ。したがって、研究室での教員は、学生の文章を添削する赤ペン先生となる。私は、書店で『〇〇文章論』『伝わる書き方〇〇』といった本を見つけては買って読み、修行を続けてきた。

机をロの字型に配置し、座った研究室のメンバー全員の前で、一人の学生が2カ月ぶんの研究成果を発表する。報告書をA４用紙6枚程度で作ってきて、全員ぶんをコピーして配布する。会議室の前の演台に学生が出て行って、報告書に沿って説明をする。司会役の学生が、発表時間20分の終了を告げるベルを鳴らすと、発表者は説明を急ぐ。

説明が終わると、質問の時間に移る。「学生から質問ありますか?」。最初の10分間は学生の質問タイムだ。初めから教員が質問すると、学生は質問しなくなるので、そうしている。学生が鋭い質問やコメントをすると、その成長ぶりに感心することがある。「それでは、先生方から質問やコメント、お願いします」という司会の発言に促されて、河合先生、梅野先生、そして私と年齢が若い順に話をする。

あるとき、大学院生のHさんの報告を聴いて、実験方法や研究の進度を不満に思い、私は厳しく叱った。「他の方法でデータを取ることは考えなかったの?」「もう少し効率よくデータをたくさん取る方法を考えてみたの?」と責めた。会議室に集まっているHさん以外の学生にも共通する改善点を、私は指摘したつもりではいる。しかし、残念なことに、学生は自分だけが叱られていると思うのだろう。

叱責されたHさんは、発表を終えて自分の席に戻った。私の斜め前の席にいるHさんは、私の視界内にいた。様子がおかしい。頬に垂れた涙をこっそりと手で拭《ふ》いている。次の発表者のA君が資料を配って説明を始めると、Hさんは立ち上がり、座っている私の前をお化けのようにスウーッと通り抜け、ドアを開けて出て行った。私はうろたえた。体調がわるいわけではないだろう。「廊下に置かれた長椅子に座って、悔しくて泣いているのかな？ それとも……」といろいろと心配してしまう。

「やっぱり、言い過ぎたかな？」。でも、今さら謝っても手遅れだ。発表者の説明がほとんど頭に入ってこない。よってA君への私の質問やコメントは精彩を欠いた。A君の発表が終わり、短い休憩時間に入っても、Hさんは会議室に戻って来ない。

休憩時間が終わろうとしたとき、ドアが開いてようやくHさんが入ってきた。座っている私の前をスタスタと通り抜けていく。横顔をこっそりと見ると、普通に戻っているようだ。よかった、よかった。次の発表者には、私は少しだけ反省しつつも、また厳しく当たった。私は学生を「褒めて育てる」のが苦手で、「叱って育てる」ことについなってしまう。

先日、研究室の同窓会が開催された。卒業してY社に勤めているHさんも参加してくれた。受付にいた私を見つけると、Hさんが私に駆け寄って、にっこりと「先生、これお土産です」と言って、和菓子の箱の入った袋を私に渡した。

会社ではもっと厳しく指導されたのか、それとも私の厳しい指導のおかげで報告書の出来がよく、会社で褒められたのか、それとも世話になった先生にお土産を持っていきなさいと親に言われたのか、わからない。予想していなかったので、そのときにHさんに簡単なお礼しか言えなかったけれども、「赤ペン先生」として何よりもうれしいのは、こうした瞬間である。

研究室旅行で研究室消滅のふちまで

私の研究室生活は、学部四年に進学した1976年の4月から、定年退職した2019年3月まで、43年間続いた。この間、五つの研究室に在籍してきた。どの研究室でも夏休みの8月から9月にかけて、研究室旅行を企画・開催した。ざっと40カ所は研究室旅行で行ったことになる。ほとんど1泊2日であった。だから、関東周辺、遠くとも長野、福島、静岡までだった。

事故なく終わると、研究室のメンバーの懇親《こんしん》が深まって有意義だったなあと思う。けれども、そうはいかないこともあった。最悪な研究室旅行は、私が教授であったとき、言い換えると「最高教育責任者」のときであった。思い出すのもぞっとするが、紹介しよう。旅行先は山梨県の甲府周辺だった。

観光バス1台を貸し切りにして、研究室旅行に出かけた。千葉県千葉市から山梨県甲府市へ向かった。途中、首都高速を抜けて中央自動車道に入ったが、平日なので混雑はなかった。トイレ休憩を入れながら、順調に甲府に着く。武田神社に立ち寄ったあと、武田神社の背景をつくっている山に入って行った。

舗装《ほそう》された道を上がっていくと、研究室旅行にはもったいない、山の中腹にある上品な旅館に到着した。温泉に入って往路の疲れをとり、浴衣《ゆかた》に着替えて夕食。これまた研究室旅行にはもったいない料理がお膳に並んでいた。平日なので、1泊2食の料金が安いのだろう。

夕食後、畳の宴会場に移って、私と梅野先生から、30分ずつのありがたい講話。この1時間があるから、「研究室」旅行は「ゼミ」旅行に格上げされる。その後、数名の幹事学生が司会進行役になって、毎年恒例の「クイズ大会」だ。参加者が4、5グループに分かれ、賞品をめざして必死に戦う。10時ごろに終了して、3〜6名に割り振られた部屋に戻った。私と梅野先生は立派な和室を1部屋もらった。クイズ大会から持ち帰った缶ビールを飲みながら、研究室の明るい将来を語り合って就寝。

早朝の5時ごろ、私たちの和室のドアを叩く音で目覚めた。寝ぼけ眼《まなこ》でドアを開けると、幹事学生の一人が深刻な顔をして立っている。

「Nが酒を飲み過ぎて意識がなくなっていたので、宿の人に頼んで救急車を呼んでもらいました。今、救急車が玄関に着いたところです」

私たちは一気に目覚めた。すぐに窓際に移動し、窓のカーテンを開けて、旅館の玄関先を見ると、救急車のハッチドアが開かれていて、二人の学生に両側から支えられた浴衣姿のN君が運び込まれるところだった。救急車の後部にN君を乗せると、すぐに救急車は「ピーポー、ピーポー」とサイレンを鳴らして山道を下りて行った。

この光景を一緒に覗いていた梅野先生が、「これで斎藤研究室は終わりでしょうか?」と思わず本音を吐いた。私も一瞬で状況を判断できた。研究室旅行で学生が急性アルコール中毒になり、救急車で運ばれた。もしものことになったら、N君のご両親になんと言えば……。どんな釈明をしようとも「研究室消滅」だ。

N(以降、「君」を省いて呼び捨てる)と同室の学生に、「どうなっていたんだ?」と尋ねると、「Nは宴会後に部屋に戻ったあと、一人で酒を飲み続け、気がつくとトイレの便器に向かってへたり込んでいたんです」と答えた。

朝8時から昨夜の夕食と同じ宴会場には、お膳に朝食が用意されていた。N以外の全員が集まった。みんな状況がわかっていて、どこからも声が出ない。無言の朝食会。その時点で、Nの搬送先《はんそうさき》からの知らせは入っていなかった。

「ひょっとして、まだ意識が戻らずに……」

みんなが心配した。これは研究室の「最後の晩餐《ばんさん》」ならぬ「最後の朝餐」かもしれないと思った。

9時に各自荷物をまとめて、N以外の全員が玄関先に集まった。Nの普段着を入れた荷物を、幹事学生数名が分けて持っていた。宿の人に、Nが救急車で運び込まれた病院名を調べてもらうと、甲府駅前の大きな病院だった。観光バスの運転手さんに、「予定外ですみませんが、この病院の近くに行ってください」とお願いし、学生が乗ったバスを甲府駅のロータリーに残して、私と梅野先生とで病院の救急棟に入った。

白いカーテンに挟まれたスペースを進むと、先を曲がった壁際にベッドがあり、点滴を受けている薄緑色の浴衣姿の患者がいた。

「Nだ！」

顔を覗き込むと、なんと薄ら笑いをして熟睡していた。こういう場合、点滴すると気持ちがよいらしい。

「こいつ！」

私は安心したというよりも、Nの首を絞《し》めてやろうと思った。

主治医の先生に御礼の挨拶をしてから、許可をいただき、6時間にわたってみんなを心配させたNを起こし、冷たい現実に戻してやった。きょとんとしているNに、「このまま電車で千葉まで帰るか、それともバスでみんなと一緒に帰るか。どうする！」と迫った。「バスで帰ります」とすまなそうに言うので、着替えをさせ、バスの最前列に座らせた。バスの出入り口のところだ。晒《さら》し者だ。

幹事学生が、「先生、今日の午後、勝沼のワイン工場の見学予定です」と私に言ってきた。ぐったりとしているNをじろっと見下して、私は了解した。急性アルコール中毒から抜け出したばかりのNは、もちろんワイン工場の見学には参加せず、バスでぐったりと寝ていた。

千葉に戻って1週間ほど経った時点で、Nが「先生、浴衣をクリーニングしました。宿に送りますか？」と電話で私に聞いてきた。思い出したくない宿の玄関先の光景や、最後の朝餐の雰囲気が蘇ってきた。私は怒りの感情を抑えて、「当たり前だ。お詫《わ》びの手紙を添えろ！」と指導した。これでもNは大学四年生なのである。

Nはその後、生意気にも卒業論文を書き、卒業していった。Nのことは研究室を消滅のふちまで追い込んだ〃凶悪レジェンド〃として、毎年、研究室旅行に出発する前の私の挨拶で、コトの顛末《てんまつ》とともに紹介している。

大学祭だって役に立つ

毎年8~9名の学部四年生、すなわち卒論生を受け入れる。卒論生は研究室を選ぶ権利を持っているけれども、研究室側は学生への拒否権を持っていない。さらに、大学院前期課程の学生、すなわち修士の学生を最大で7名受け入れる。私が千葉大学を定年退職するまで、梅野先生と私で学生をだいたい半分に分けて指導した。

修士一年生の一人としてI君が入ってきた。I君は、四年生のときに他の研究室で卒業研究を行っていて、私たちの研究室が第一志望ではなかった。そのせいか、研究テーマへのやる気が不足していた。というより、「実験が好きではない」とI君は表明した。

昔の私であったなら、その時点でレッドカードを出していただろうが、大人になった私は沈着冷静だ。当時、博士課程の学生であった石原量君と相談して、モチベーション・アップ作戦を考えた。毎年11月初めの連休に開催される大学祭の展示テーマとして、I君の研究テーマを申し込んだ。I君がお客さんに何度も何度も説明するうちに、この研究テーマに愛着を持ってくれるはずだと考えたからだ。

猫の尿には、コーキシンというタンパク質が入っているために、尿を使って腎臓の病気診断ができず、獣医さんは困っている。そこで、コーキシンだけを吸着して取り除く必要がある。コーキシン（cauxin）は“carboxylesterase-like urinary excreted protein”という正式名を持つタンパク質の文字を縮めて作った用語で、発見したのは岩手大学農学部の山下哲郎《やましたてつろう》先生の研究グループである。「猫は好奇心（コーキシン）が強いということを意識して、この名称を考え出しました」と山下先生から教わった。

実験が嫌いなI君は、その代わりにポスター作りには熱心で、独自のイラストも描いて工夫していた。大学祭当日は、千葉から4時間ほど離れた実家から、ご両親が愛犬を乗せたボックス・カーで駆けつけた。ボックス・カーのドアが開き、駆け降りてきた犬は、久しぶりにI君に会えてうれしかったらしく、尻尾を勢いよく振っていた。

工学部1号棟という建物の1階ロビーに、私たちは展示スペースを設けた。展示スペースに折り畳《たた》み式ステンレス製椅子を20ほど並べ、その前方に長い机を置き、その奥に「猫尿《ねこにょう》」の説明用ポスターを貼った板が立っていた。その椅子の半分くらいがお客さんで埋まったところで、I君の猫尿の説明と実演が始まった。

I君の両親もそのお客さんの中にいて、犬もお母さんの足元にぺたっと座り込んでいた。私はお客さんから離れて、後ろから見守った。I君をここまで育て上げたご両親は、きっと喜んでいるに違いない。

自分の息子が白衣を着て、大学祭に来たお客さんに「猫尿」についての最先端の研究成果を立派に説明している。お母さんは、I君の説明にうなずいていたように後ろから見えた。その実験データはI君ではなく、I君の先輩が揃えたものなのだけれども、それはここではよしとしよう。

I君による説明と実演が終わると、I君の両親は私にお辞儀をして、建物脇に駐車してあったボックス・カーに乗り、犬とともに去っていった。見送ったあと、私はお母さんが座っていた椅子の辺りの床に、少し水が溜まっているのを見逃さなかった。

早速、I君を呼んで「ほら、君が一生懸命に説明している姿を見て、お母さんが感激して泣いていたようだよ」と小さな水溜まりを指差した。するとI君は、「それ、犬のよだれですよ」と冷静に解析した。そういえばそうかもしれない。犬が猫の話を聞いて、よだれを垂らしたのかもしれない。

「猫尿どう？　5分で終わるよ」

千葉大学の大学祭には、周辺に住んでいる方、卒業生、在校生の親などがやってくる。来場者は東京にある大学に比べると少ない。東京の大学は、芸能人を呼んだり、他大学と日程を合わせたりして来場者数を増やしているが、千葉大学の大学祭は質素である。

JR総武線西千葉駅の改札口から、千葉大学の南門まで30秒で着く。「猫尿」の展示スペースは、南門から少し引っ込んだ建物の1階ロビーにある。電車が駅に到着するたびに、南門からお客さんがどっと入ってくるので、呼び込み担当の学生はそこを狙って、お客さんの流れに突っ込んでいく。獲得率は高くない。お客さんの多くは、当初から訪ねる予定の展示会場や、焼きそば、おでん、お好み焼きなどの模擬店に向かって行く。

ところが、当研究室の特別研究員でいらっしゃる片山栄作《かたやまえいさく》先生が、「猫尿どう？ 5分で終わるよ」という呼び込みトークで女子高生2名を獲得した。このトークは、「猫尿の中に溶けているコーキシンという名のついたタンパク質について詳しく説明をします。どうですか？ 説明と実演は約5分間で終わります。それから他の展示をゆっくり見ればいいじゃないですか」と解釈できる。

でも、二人の女子高生にそこまで伝わっているはずはない。片山先生の立ち位置や目の鋭さに、逃げ場を失ったのに違いない。この3年前まで東京大学医科学研究所の教授でいらした片山先生は、「2名ゲット」にたいそう満足そうだった。

しかし結局、猫尿からのコーキシン除去に対するI君のやる気を高める、モチベーション・アップ作戦は失敗した。I君の心はそう簡単に点火しなかった。私と石原君は指導者としての限界を知った。

それでも、I君から火種がなくなってしまっていたわけではなかった。修士二年の修了時には猫尿ではなく、他のテーマで学会発表するまでにいたったのだ。

「理系」こそ作文力が試される！

よい赤ペン先生はよい先生

前述した通り、先生稼業の中で、最も大事な仕事の一つは添削である。よい赤ペン先生はよい先生である。「文は人なり」を無視して、他人の文を徹底的に修正することを許されているのが先生である。大学の理系の学生は、四年生になると研究室に配属されて、１年間にわたって卒業研究を行い、卒業論〝文〟を作成する。

卒業論文の分量は、テーマによって、人によって、あるいは指導教員の方針によって変わるけれども、当研究室ではＡ４の用紙で50から１００枚の間である。それをほとんどゼロから書き上げるのが、四年生に課される仕事だ。

卒業研究を進めるうえで、さまざまな種類の文書をたくさん書くことになる。６週に１回のペースで順番が回ってくる研究室での報告会の資料（Ａ４で6枚程度）、２カ月に１回のペースで回ってくるタイトルサービス。後者は当研究室の研究に関係した、英語の研究雑誌の要旨を六つほど選んできて、その要旨を日本語に訳して紹介するものだ。訳すというのは、きれいにでなくてもいいから、正確に訳して文を作る作業だ。

このほかにも、自分のテーマが企業との共同研究のものなら、2〜3カ月に一度の打ち合わせがあるので、そのための報告書が必要である。さらには、日ごろから試薬を注文する、あるいはサンプルを共同研究先へ送付するときに添える手紙を書く。こうした作文の修行を通じて、学生の能力が高まっていくはずである。

たくさん文を書くからといってうまくなるわけではないし、初めからうまい人もごくたまにいる。理系の作文にはルールがあるので、それを知らないと、いくら文を書いても上達しない。人に読んでもらえる文を作る能力を、学生と先生とのキャッチボールを通じて養成するわけである。これがたいへんだ。文書の構成といった大きな事柄から、漢字の間違いといった小さな事柄まで、学生の間違いは広い範囲に及ぶからである。

私のほうは毎年、必ず一つずつ歳をとるのに対して、相手の学生はいつも22あるいは23歳で変わらない。したがって、私と学生の年齢差は毎年、必ず一つずつ増す。しかも、私は常にたくさん文を書いているので、年々作文が上手になっていくプロフェッショナルであるのに対して、学生は文を書かなくなっている「甘ちゃん」、いや「アマチュア」である。こうして毎年、能力差も増す。

こうした両者が、文章や文書を挟んでまともに衝突《しょうとつ》したらどうなるかというと、「今まで、君は何を勉強してきたんだ！」「これでよく大学に入れたな！」などと文ではなく人格を否定して、パワハラで私は訴えられるだろう。または、学生に文書を書かせては、それをほとんど採用せずに自分で全部書き直す作業をして、体を壊すかのどちらかである。言い換えると、相手を壊すか、自分を壊すかのどちらかである。

そこで、私はこの困難を克服するよい方法を考え出した。これまで何百回も何千回も添削してきた私の経験を生かすのだ。理系作文のルール集（べからず集）を作って学生に渡し、それを十分に理解してもらってから文書を書いてもらうのだ。そうすれば先生の負担は確実に減る。こりゃいいぞ。

作文では、単語、それをつなげて文章、それをつなげて段落、そしてそれをつなげて文書（論文）という構造を学ぶことが肝心だ。そこで、ルールを四つの法、すなわち単語法、文章法、段落法、そして論文法に分けた。ただ、学生に覚えてもらうために、「六法全書」という名前にしたかった。そこで、基本法と特別法という二つの法を付け加えて、『卒論・修論を書き上げるための理系作文の六法全書』（みみずく舎）という教材を作った（なお、この本は永久在庫切れ＝絶版となっている）。

研究室では、年度末に毎年開催される卒業研究や修士論文の発表会に向けて、プレゼンの指導もしている。これがまた作文に輪をかけてたいへんな任務だ。そこで、私は調子に乗ってプレゼンのルールを50個選び、『卒論・修論発表会を乗り切るための理系プレゼンの五輪書』（みみずく舎）という教材も作った。この「六法全書」と「五輪書」という2冊の本を、私の研究室の学生は全員が持っている。いや、持たされている。

さて、その成果を検証しておこう。作文について、学生が作る文書はまだイマイチだけれども、以前に比べればずっとましになった。たとえば、引用文献の書き方がしっかりしてきている。作文能力の向上には時間がかなりかかる。学生には地道な努力の継続が要求される。一方、プレゼンについては成果がかなり出ていた。たとえば、日本海水学会の学生ポスター賞を3年連続で受賞した。毎年開催される同一の学会で、ポスター賞を異なる3名の学生がそれぞれのテーマでいただいたのだから、いい線いっている。「しかし、待てよ」とも思う。『理系作文の六法全書』とか『理系プレゼンの五輪書』とかを、偉そうに書いている教授の研究室によるプレゼンが褒められた代物でなかったら、私の立場はどうなるのだろう。

学生はその辺を気にしてくれている。私に恥をかかせてはいけないと思ってくれている。そのため、発表に向けてポスターの原稿を早めに作り、私に何回も相談しに来てくれる。「つねに、より高きものをめざして」という千葉大学のモットーを、まさに実践している。

「うれしい、でも苦しい！」。私は一体、何のために作文とプレゼンの教材を作ったのだろう。私は、学生の書いた文も自分の書いた文も、ずっと添削を続けてきた。

必修科目のプレッシャーは教員にも

私の専門は、化学工学、その中でも分離工学である。しかし、千葉大学では、そうした専門科目の講義を受け持たずに、「化学英語1」と「化学英語2」という講義を自分の学科の二年生に教えていた。「化学英語1」は「必修」、2は「選択必修」である。必修ということは、合格点を上回って、単位を取ることが必須である。そうでないと何があっても卒業できない。

もちろん必修科目は、この「化学英語1」だけでなく、ほかにも30科目ほどある。学生から見るとプレッシャーがかかる科目であると同時に、教員も自分のせいで卒業できないこともあるのだから、真剣に合否を判定することになる。

共生応用化学科を卒業していく学生にとって、化学英語は社会に出て働くときの道具の一つに過ぎない。ただし、大事な道具であると学科が認定しているから、「化学英語

1」は必修なのである。

当学科の二年生100名の中には、英語を大の苦手とする学生が2割程度はいる。そんな学生からすると、「大学に入ってまで、なんで英語をやんなきゃいけないの?」と思っているはずだ。そういう学生を成績評価で最低の「可」であっても通すために、毎回、講義の初めの5分間を使って小テストを課していた。

工学についての専門用語の英単語、たとえばコンピュータ・ウィルスなら"computer virus"というように、毎週50個指定して、そこから10個を小テストに出す。8割を得点できていれば、中間試験と期末試験がわるくても「可」の単位をあげるからクリアせよと宣言している。お互いのプレッシャーを緩和する「平和宣言」である。

しかし、綴《つづ》り(スペル)を覚えてくれればよいだけなのに、それとてクリアできない学生が5名ほどいる。「1日につき7個の英単語ぐらい覚えてこい! バカタレ」と本心を言うわけにはいかない。「来年度、またここで会いましょう」と初めの1、2回は冗談として言えるけれども、本決まりとなるとそうは言えない。私のせいで卒業が1年伸びるからだ。しかし、こういう人は他の科目も落としていることが多い。世の中、この辺りがうまくできている。

ノーベル賞学者・白川英樹先生からのメッセージ

私は普段、1日の95％以上を日本語で生活している。したがって、どんなに頑張っても私の書く英文は、“native English speaker”が書く英文のレベルには到底、届かない。そこで、native English speakerである科学者が書いた研究論文を教材にするのはやめた。でないと、「あ～あああ、やんなっちゃった。あ～あああ、驚いた」で終わるだろう。代わりに、native English speaker が書く英語の70％程度をめざして化学英語を教えることにした。さらに、ワクワクしながら英文を読み書きできるように、ノーベル賞クラスの仕事を成し遂げた三人の日本人が書いた研究論文を題材にして、化学英語を教えることにした。

白川英樹《しらかわひでき》先生の「導電性高分子」、中村修二先生の「青色発光ダイオード」、そして田《た》中耕一《なかこういち》先生の「タンパク質の質量分析法」という三つの研究成果である。白川先生と中村先生は材料の研究、それに対して田中先生の研究は分析手法の研究だ。

世界でいちばん、あるいは世界初の研究成果が記述された論文を、そのまま全部読んでみることにした。幸いにも、それぞれの先生の代表的な論文は、A4サイズで2～4ページに収まっていた。長いと読み切るのがたいへんなので助かる。

学生さんに3名の先生のことを尋ねると、「聞いたことある」と答える。「知っている」と答えないのは、私から「何を知っている?」と次の質問が来ないようにしているからかもしれない。工学部に入学してくる学生なのに、この3名の先生の仕事をすべて知っている学生は一人もいない。情けないと嘆いていてもしょうがないので、まず講義1回分の90分間で、それぞれの先生の経歴や人生を紹介する。私はそれぞれの先生の著作やエッセイを集めて読んできていた。

こうして独自の教材を作成していたところ、『ノーベル賞クラスの論文で学ぶ 理系英語最強リーディング術』という本を、アルクという出版社が刊行してくれることになった。3名の先生が書かれた英文を、抜き出して英文和訳の問題にしたり、英文の一部を空欄にして単語の穴埋め問題にしたりするので、論文が掲載されている雑誌の発行元および執筆の先生方から許可を得てくださいと、アルクの編集者に頼んだ。論文発行元の雑誌社は、「大学で教育活動に使う」という趣旨を理解してくれて、論文全文を本に掲載することを条件に許可してくれた。

中村先生と田中先生からも許可をすぐにいただき、白川先生からはメールとFAXをいただいた。「私の論文が何のお役に立つのかわかりませんが、どうぞお使いください」という内容だった。新聞や雑誌で紹介されている白川先生の写真やインタビュー記事を思い出しながら、先生と対話をさせていただいたような気がしてとても光栄であった。

　白川先生の学生時代には、専門科目の中に「化学英語」といった講義はもちろんのこと、こうした理系英語の本はほとんどなかったと思う。私の学生時代にも、必修科目に「化学英語」はなかった。こうした内容は必要を感じて自分で道具を揃え、磨いていくもので、人から教えてもらうことではないのかもしれない。本来なら何事でも、危機感を持って自分で勉強するのがいちばんである。

　一昔前までは、日本語の教育が形を一応なしていた。しかしながら、学生さんからすると、大学入試、特に理系では、国語は四択式のセンター入試の1科目に過ぎない。だから、入学してくる学生の日本語能力は中途半端なレベルである。

　そこへ英語能力を積み上げようとしても効果が上がらない。母国語である日本語より、うまく英語が書けるとか話せるということは絶対にない。落ち着いて考えれば、誰でもわかることである。

　そうはいっても、今さら中学校、高等学校に学生を戻せない。また、大学入試のシステムを変更できそうにもない。よって、理系英語を学びながら、理系日本語を学ぶのが最善の道である。"native Japanese speaker"の土台である日本語能力を補修しながら、英語能力をその土台の上に積み上げる方式で進めるのがベストだ。

声高に「グローバル」と言って英語教育を叫ばずに、日本語を含めた語学教育を進めないと、無駄な時間とお金を費やすことになると私は思う。このままでは、日本語も英語も中途半端なレベルで終わってしまうだろう。だんだんと怒りが込み上げてきた。「誰だ、日本語教育をこんなことにしたのは?」

いや、大学教員の一人である私も、この崩壊プロセスに加担してきたのだろう。だからこそ、私は自分の専門にこだわらずに、化学英語を教えてきたのだ。

第四章

大学という「組織」の経営は悲喜こもごも

教授会、審査会の緊張感たるや！

いつもあの席には、先生がいないなぁ……

私のいた大学の工学部では、教授会が年に定例4回と臨時で数回、開催されていた。教授会といっても教授だけでなく、准教授も出席する。教授だけが集まる会議は「特別教授会」と呼んでいて、人事の案件を審議するところである。人事の案件では、教員の採用と昇任の詳細説明のあと、審議して最後の結論は投票で決める。

教授会はもちろん面白くない。楽しい話題はほとんどない。定期試験でカンニングがあったとか、在学期間が8年目を迎えた学生が退学になるとか、自転車で歩行者をケガさせた学生がいたとかだ。教員は腕を組んで困った顔をするしかないのだ。したがって、教授会の出席率はそれほど高くない。

欠席するときには、会議を成立させるため、委任状を事前に提出する。教授会でも特別教授会でも、学科と講座によって座席が決められている。会議室を見回すと「いつもあの席は、あの先生がいないなあ」というわけで、すぐに出欠がわかる。面白くなくても欠席ばかりしてはいられない。

国立大学には、1月中旬に大学入試センター試験、2月下旬に前期入試、そして3月初旬に後期入試がある（2019年度現在）。その試験の採点が終わるたびに、合格と不合格の線引きをするため、臨時教授会を開く。このときは出席率が高く、緊張感がある。教員はその教授会を開く直前に、学科の会議で合格ラインを決めてから、この教授会に臨んでいるのである。

「あなたの学科、そんなに合格者数を出したら募集定員を超えることないの？」と他の学科から言われたら、学科長にはボーダーラインの根拠を説明する責務がある。そのときに無言のサポーターとして、学科の教員がたくさん出席しているほうがよいわけだ。

工学部では、学科ごとに毎年毎年、入試倍率が異なる。人気のある学科、たとえば倍率が5倍の学科の教員は、堂々としているように見える。これに対して、倍率が2倍の学科の教員は、元気がないように見える。対象分野が時勢に乗っていて、最近の倍率が高い学科もあれば、前年度の倍率が高かったぶん、本年度は倍率が下がる学科もある。

学科の教員やカリキュラム（授業の体系）、あるいは就職率がよくないから、受験生が少ないというわけではない。不人気学科の教員がいじける必要はない。しかしながら、高い倍率で集まる多くの受験生から選抜したほうが、意欲のある学生が多いはずだと教員は信じている。

なぜ斜め左上を向いた写真を貼ってくるのか？

教員の採用は、大学にとっても学生にとっても一大事である。採用されてから定年の65歳までに、教授なら20年、准教授なら30年、そして助教なら40年にわたって、その大学に勤めることも多い。その教員にかかる費用は、給料や研究費を含めると、それぞれ2億円、3億円、4億円を軽く超えるだろう。もっと重大なことは、その教員が平均して学生を毎年5名ずつ教えるとして、延べ100～200名の学生を指導するわけだ。教員は卒業論文や修士論文の作成のために学生を指導し、社会に「排出」いや「輩出」する。

採用された教員は、研究だって教育だって、初めから優秀であるわけではない。先輩の先生からはもちろんのこと、指導した学生からさえ学ぼうとする姿勢があることで成長するのだ。そうした教員を探してくるのはたいへんだ。他の大学だって必死に探している。しかも採用時期が重なると取り合いとなる。

一昔前なら、今年度に適格者がいなかった場合、「該当者なし」で次年度に再公募できた。最近は大学経営が厳しく、次年度の予測が難しくなってきていて、「来年度に採れるかどうかわからない」という不安から、「なんとしても今年、採用する」という意気込みで採用に当たる。しかし、「焦って採用してよいことはない！」と、次年度公募で採用された私は言いたい。

教員採用までの過程を示そう。たとえば、A学科の助教の採用を教授会で承認してもらうと、選考委員会が設置される。選考委員会を構成する複数名の教授を工学部長が選ぶ。この委員会はA学科から推薦された候補者2名について審査・討議し、その結果を特別教授会で中間報告する。スライドを使って、特別教授会に出席している教授に、候補者の略歴、研究の業績、教育の実績を説明する。ここで承認が得られると、委員会は最終候補者1名を面接して、適格かどうかを精査する。その後、特別教授会で再度説明がなされて、投票によって採用の可否を決める。

候補者2名を選び出すためにA学科は公募をかける。関連する学会誌に公募記事を掲載し、知り合いにも公募の案内をする。全国から少なくとも10名ほどの応募はあってほしい。少ないと選びようがない一方、多くても適格者がいるとは限らないところが、人事の難しさである。

応募書類の3点セットは、履歴書、業績リスト（代表的な論文5点のコピーをつける）、そして教育と研究に対する抱負を述べた文書である。採用側は、書類の到着順に番号をつけてから、A3サイズで比較表を作成する。履歴書には顔写真を貼ってもらう。もちろん本人が選んだ写真だ。

しかし、この顔写真で失点することがある。服装、背景、そして顔の向きが問題となる。まず、服装は無難なところがよい。冬用のふかふかセーターや夏用のクールビズにノーネクタイは避けよう。次に、背景に樹木や建物が写っていると、「ここは、どこだろう?」と背景が本人より気になってしまう。

たまに、横顔で左上を向いている写真の応募があった。「私は10年先を見ています」というアピールなのだろうか。しかし、採用されるとすぐに学生の足元を見て指導することが求められるのだから、採用側は顔写真だけで不安になる。

履歴書の1ページ目と候補者比較表は、学科の全教授に配付するので、原本からコピーを取る。このとき、コピー機のコピー濃度の設定がわるいのかもしれないのだが、履歴書の顔写真が「指名手配犯」の顔写真のように怖くなることがある。ぜひ、応募者は自分で顔写真をコピーして点検してみてほしい。イケメンである必要はまったくないけれども、近寄りがたい印象を与えるのは、業績がいくらあっても避けたほうがよい。

予備審査会の空気に飲まれるな

誰でも長く生きていると、修羅場に何回か遭遇するだろう。私には研究での修羅場があった。そのときに助け舟を出してくれたのは、先輩の教授であった。私が救われた三つのケースを思い出して述べたい。

このあとに紹介する修羅場を理解していただくために、博士論文を作成して、博士の学位を取得するプロセスを説明したい。大学には学部と大学院という組織がある。学部はさまざまな「学科」から、大学院はさまざまな「専攻」から成り立っていて、それぞれ学部一～四年生、大学院生（修士課程と博士課程の学生）を教育する。たとえば、私は2019年3月まで、千葉大学工学部共生応用化学科で学部生を教え、千葉大学工学研究院という名称の大学院の共生応用化学専攻で、大学院生を教えてきたわけである。

博士の学位を取得するには、三つの過程を経る。まず、資格審査。博士の学位を申請するには資格が必要となる、これはおもに、研究雑誌に掲載された論文の数である。客観的な評価として、博士論文の内容から生まれた研究成果が、学会誌に掲載されていることが求められる。研究の分野や大学院の方針によって、論文数には1～5報くらいの幅がある。

もちろん、その掲載論文の著者名に申請者の名前が入っていないと困る。先頭すなわち第一著者に入っていることが必要な専攻もあるが、順番は問わない専攻もある。何よりも研究の中心にいたことが大事である。

次に、予備審査会での博士論文の説明と質疑応答が必須だ。各年度の9月末と3月末に、博士の学位授与式がある。そのため、その6カ月前には博士論文を作成しておき、大学院に学位審査を申請する。それを受けて、主査と副査からなる審査委員会が発足する。申請者の論文題目に近い研究分野の教員と、近くない教員、合わせて4～5名が審査委員会のメンバーとなる。必要な教授の人数も規則で決まっている。

予備審査会はクローズドな場で、審査委員会メンバーだけが出席して、博士論文を審査する。申請者は予備審査会の10日前までには、メンバーに紙ファイルに綴《と》じた博士論文を提出する。当日は30～40分で博士論文の内容をプレゼンする。昔は対面で博士論文のページをめくりながらの説明だった。

この予備審査が第一関門だ。ここが通れば、次の「公聴会（最近は『博士論文公開発表会』とも呼ばれる）」に進める。逆にいうと、公聴会で誰が見ても立派な博士論文だとわかるように、提出された博士論文の中身を点検し、質問やコメントを主査と副査が与えて、磨く（ブラッシュアップする）のが予備審査会の役割だ。

したがって、主査や副査に指名されると、「博士論文を事前に読んで、それなりの質問やコメントしないといけないなあ」という意識が働く。若い教授なら、自分の見識が試される場面でもある。一方、老教授は博士論文の紙ファイルを持って、申請者がプレゼンの準備をしている予備審査会場に入って来るやいなや、「いや〜、このところ出張で忙しかったので、読む時間なくて……」と平然と発言することだってある。これは申請者へ、「今日のプレゼンでわからせてくれないと困るよ！」とプレッシャーをかけることになる。

博士論文を事前に熟読してくる義務はない。読んでいても、専門から少しでも離れるとわからない部分が多い。「新進気鋭の研究者が数年かけて取り組んできた内容を、すぐに理解したら申し訳ないではないか！」と開き直れるのは、審査を20件超引き受けたあとかもしれない。

逆に、紙ファイルに綴じられた本文にたくさんのカラー付箋《ふせん》を挟んで、意気揚々と予備審査会場に入って来る教授もいらっしゃる。こちらは申請者へ、「しっかり読んできたぞ！質問・コメントするから覚悟しろよ！」とプレッシャーをかけることになる。

こうして予備審査会は緊迫した雰囲気に包まれる。男性の申請者なら、クリーニングされたスーツ、白いワイシャツに絵柄のないネクタイで、ピカピカの靴を履いている。

この場で堂々としている申請者はいない。

さて、予備審査会の判定が「合格」と出ると、専攻の会議で報告・承認され、公聴会に進む。公聴会と聞くと、アメリカの議会で、問題を起こした人を呼んで問い詰める会合のイメージがあるかもしれない。古くはニクソン大統領のウォーター・ゲート事件、新しくはトランプ大統領のロシア疑惑。しかし、博士論文の公聴会はそれほど緊迫しない。よほどの落ち度がなければパスすることをみんなわかっている。そのための予備審査会であったはずだ。

申請者は、予備審査会で主査と副査の先生方からいただいた質問・コメントのすべてに回答することが望ましい。回答書を添えて改訂した博士論文を綴じた紙ファイルを、公聴会のやはり10日前までには主査・副査に届ける。

当日の会場は、予備審査会のときより大きな会議室を予約しておく。前方の座席には審査委員会のメンバーが陣取り、その後ろには研究室の後輩の学生たち、そして全学に開催の案内メールが配信されることもあって、論文題目に興味のある若手教員が座る。申請者の家族が来ていることもある。「公開」だから、制限はない。ただし、ペットの入室は許されていない。

この段階で、博士論文の最後に「謝辞」は書き込んではいけない。審査はまだ終了していないからである。公聴会でも質疑応答の時間を30分ほど取る。ここでの副査の質問は、聴衆に配慮したものになりやすい。「博士論文をまとめるにあたって、苦労した点はどこですか?」「今後、この研究にはどんな展開がありますか?」「未解決な課題はなんですか?」といった内容だ。

質疑応答が終わると、申請者と聴衆は会場から退出して、審査委員会は判定に入る。ここで「合格」になると、「謝辞」を書き込んだ博士論文の最終版を事務室に提出する。そして申請者は学位授与式を待つことになる。

「こういうの、オリジナリティっていうの?」

私の博士論文の予備審査会では、100ページほどの博士論文の原稿コピーを5冊用意して、主査の教授1名および副査の教授4名に事前に配付した。当時(1984年)は、パソコンもワープロもまだ普及していなかったから、原稿は手書きである。私の博士論文の題目は、「海水ウラン採取に関する物質移動の基礎研究」であった。

まず、海水に溶けているウランのイオン形態を計算で推測し、次に、その拡散係数(濃度差によってイオンが移動するときの動きやすさを表す値)を測定し、さらに、ウランのイオンが動いたときにほかのイオンの動きにどう影響するかを計算した、という内容である。注目を浴びた研究ではまったくなかった。文献を読んで、一人でコツコツと研究したのだから仕方がない。

先輩の博士論文の公聴会に参加したり、他の研究室の先生からアドバイスを拝受したりして、「博士論文の内容には、新規性や独創性が必要なんだなぁ」とわかっていた。ところが、私はそれどころではなく、学位審査の申請資格である掲載論文5報を揃えるのに四苦八苦していた。博士課程三年の夏を過ぎても、まだ2報しかなかった。

当然、学位審査の申請はできずに4年目に突入した。半年後にたまたま助手のポストが空いて、博士の学位を持っていないのにそこへ入れてもらった。今なら到底できない人事である。私が特別に優秀だったわけではなく、当時はそういうことができた。

助手になって2年目にようやく書き上げた博士論文の原稿には、新規性や独創性を述べる必要があると思い、苦し紛《まぎ》れに書き込んだ。自分で書き出して何度も読み返しているうちに「新規性や独創性」があるような気になるから不思議だ。「自己暗示」にかかっていた。

私の予備審査会で博士論文の説明が終わり、質疑応答の時間に入った。主査のF教授が進行役だ。私の前に座っていたI教授が先頭を切って質問した。

「斎藤君、ここで独創性に触れているよね。海水中のウランの拡散係数を初めて測定したことはわかったけれども、だからってこういうの、オリジナリティっていうの？」

という指摘だ。「自己暗示」はその瞬間、崩壊した。

予備審査会の質疑の冒頭で、「とんでもないことになった。こりゃ落ちた」と私は覚悟した。他の四人の先生も沈黙している。しばらくして、窓側の誕生日席に座っていたS教授が発言した。

「この拡散係数の測定値は、吸着速度を説明するのに役立ちます。価値があります」

ありがたいことに、援護射撃をしてくれた。S教授の後ろから陽が差し込んでいて、私には教授に後光が射しているように見えた。この発言によって、I教授は引いてくださった。

その後は、他の先生からの計算や実験の方法についての質問に移って、私はなんとか対応した。私が退出してから判定会議が開かれる。自分の机に戻って、F教授からの電話を待った。長く感じる時間が過ぎ、電話がかかってきた。「公聴会に進んでよいことになりました」という知らせだった。

このとき、スレスレで審査に通過したときにはうれしくない、ということを私は学んだ。棒高跳び競技で新記録となる高さのバーの上をスレスレでクリアして、アスリートが大喜びするのとは大違いである。

あの予備審査会から30年経って、I教授にお会いする機会を得た。I教授は大学をすでに退官なさっていた。私はI教授にご挨拶にうかがったついでに、「私の博士論文の予備審査会で、先生にオリジナリティの質を問われて、審査に落ちたと思いました」と言うと、「そんなこと言ったかな?」と笑っていらした。まったく覚えていない様子だった。

「教授は自分の言ったことなど覚えていないのだ! 自分もそうなんだろうなあ」と振り返ることになった。

大先生とやり合ってしまったH君

次は、私が助手になって初めて指導した博士課程の学生、H君の博士論文公聴会での出来事である。予備審査はすでに通っているから、安心して聴けるはずだった。博士論文の説明は時間通りに済んだ。その後、普通なら30分くらいの質疑応答があって観客は退出し、主査や副査が残って合格と判定する流れのはずだった。

S教授から、「ここはこれこれ、こういう考察のほうがよいと思うけど……」というコメントがあった。普通ならここで、「ご指摘ありがとうございます。詳しく検討して、論文に書き加えます」と言えば済んだものを、H君は「それは違います」と平然と反論に出た。私は「おい、H君、どうした。何を血迷っているんだ！この分野の権威でいらっしゃるS教授に向かって何を言っている！」と心の中でH君に注意した。

S教授は、H君に真意が伝わっていないと思って再度、丁寧に詳しくコメントした。それでもH君は反論したものだから、S教授も本気モードになった。S教授とH君は、その議論だけで30分間やり合った。主査のF教授も、H君と日々議論してきた私も、口を挟めなかった。公聴会に参加した研究室の後輩の学生たちは、目の前で勃発《ぼっぱつ》した壮絶バトルにすっかり痺《しび》れてしまっていた。最後は「もういい」とS教授が議論を止めた。

バトルを観戦した聴衆はいそいそと退出し、審査の先生方が会議室に残った。私はそのとき助手だったので、審査委員会に入れる立場になかった。判定会議は揉《も》めたとF教授から伝え聞いた。S教授は、「H君はここでパスさせないと困るの？」とF教授に本気で尋ねてきたらしい。言い換えると、「ここは保留にして、審査をもう1年延長したほうがいいんじゃないの？」という提案である。

そのとき、他専攻から副査として加わっていたY教授が発言したという。

「先ほど議論になった点は問題があるかもしれませんが、それを差し引いても、うちの専攻なら博士の学位に十分に値する内容です。もちろん通ります」

他専攻の遠い建物からわざわざ来てくださった教授による、二つの専攻を比べた相対評価の発言が結論を支配した。

H君の博士論文公聴会は、私には生きた心地がしない、最長の「レジェンド公聴会」であった。H君の顔は紅潮し、好調とは言えない公聴会であった。

「たいていのことはすでに考えられている」と思ったほうがいい

多孔性ポリエチレン製中空糸膜（マカロニの形をした高分子材料）の孔《あな》の表面に生やした高分子製の鎖に、タンパク質を捕捉する化学構造を取り付けておく。タンパク質の溶けた液に圧力をかけて、この中空糸膜の内面から外面に向かって、孔にその液を通す。液が孔を通っている間に、タンパク質を捕捉するという新しい方式を考え、それを実現できる材料を私の研究室で作製した。さらに、この方式によってタンパク質の高速捕集を実験で証明した。

「世界初、世界一のタンパク質吸着材料ができたぞ」と学生と一緒に喜んでいた。当初は優れた実験結果を説明できずに悩み、ようやく解釈できるようになったこともあって、余計に喜んでいた。

ところが、同じ学科の膜の研究に詳しいK教授から、「その方式、文献で最近、読んだことがあるよ」と気軽に指摘された。当時はインターネットがなかったので、早速、図書館に駆け込んで片っ端から研究雑誌を調べていった。すると最先端のバイオテクノロジーの成果が掲載される『Bio/Technology』（現在は『Nature Biotechnology』）という雑誌に、私たちと同じ原理で、高速にタンパク質を捕捉する材料を使った方式を提案している論文が載っていた。

「先を越されていた！」

みんなでがっかりした。アメリカのその研究グループは、1年先を走っていた。もちろん、膜材料の作り方は異なっていたけれども、根本の原理は同じであった。意気消沈していた私を捕まえて、西村肇教授はこう慰《なぐさ》めてくれた。

「斎藤君、世界中にこれだけの研究者がいるんだから、たいていのことはすでに考えられていると思ったほうがいいんだよ。君の研究もいい線いっていたということじゃないか。研究者は芸術家とは違うんだよ。モーツアルトがいなかったら、あの音楽は世の中に生まれなかったかもしれない。でもね、君がいなくても、誰かが必ずその研究をするんだよ。研究を芸術にたとえる人がいるけど、それは間違いなんだ」

慰められすぎて、私は余計にがっかりした。

しかし、それからというもの、肩の力が抜けて研究してこられたかもしれない。文献の真似をして研究を進めていない限り、どこか違っているはずだ。組み合わせが違えば、"new combination"であり、シュンペーター先生（オーストリア・ハンガリー帝国の経済学者）が定義した"innovation"なのだと開き直れるようになった。

ここで紹介した三つの修羅場は、すべて私が若いころの話である。若いころは、感受性が強いうえに自分に未熟なところが多いので、修羅場と感じる場面が多い。そんな状況で修羅場をくぐってきた老教授が、若い教員を叩くことなく、救っていくことは大切なんだと、私は定年退官が近づいてから気づいた。

重荷でも委員は引き受けるしかない！

会議室の端で必死の暗記

助教授になった途端に、「工学部執行部の定例会議」の書記を担当してくださいと要請された。断れる立場になく、工学部長室のある格調高い建物の会議室に、スーツを着て毎週1回、朝一番で半年間通った。その定例会議のメンバーは、工学部長、3名の副工学部長、そして工学部事務長である。書記の私は議事録をとる役である。

会議の前に、会議室のホワイトボードに議題を書き出す作業があった。黒いマーカーペンで議題を書くのも書記である私の仕事。「1・工学部長の挨拶」、ノートパソコンなら、「あいさつ」とパソコンのキーボードに打てば、「挨拶」と漢字に正しく変換される。

しかし当時は、ノートパソコンがなく、デスクトップが普及し始めた時代であった。変換するのは私だ。偉い先生方を後ろにして緊張したせいもあってか、出てこない。「ハートのエースが出てこない」のではなく「あいさつの漢字が出てこない」。ここでノロノロしていると、「この先生、挨拶も漢字で書けないのか」と思われると判断し、「あいさつ」とひらがなで縦書きした。会議を終え、自分の部屋に帰ると、すぐさま次回の会議に備えて「挨拶」を復習した。

書記役に慣れてきたころに、とんでもないミスを犯した。会議室に到着し、会議室の端に設定された書記の席に座って机上にノートを出した。すぐにいつものメンバーが揃い、工学部長の「それでは、始めましょうか」のかけ声で始まった。

私は「今回もしっかり議事録を作るぞ！」と気合いを入れて、スーツの胸ポケットに手を回したが、そこには筆記具がささっていなかった。シャープペンでもボールペンでもよかったのに、ない、ない！　筆箱は初めから持ってきていない。「書記なのに初期からペンがない」とダジャレを言っている場合ではなかった。

離れて隣に座っていらっしゃる、一回りも年上の偉い教授に「ペンを貸してください」とは、〝新米〟助教授の書記としては言えない。そんなことを言ったら、やっと昇格したのに降格するかもしれない。そこで平静を保ちつつ、ノートにペンを走らせるふりをした。もっとも私の行動など誰も見ていない。

ノートに手を置いて、議事の進行をすべて暗記していった。1の議題が終わった時点で、頭の中で必死に議論の流れを暗記した。2の議題が終わったら、1の議論から2の議論までを必死に暗記、3の議題が終わったら、……という具合だ。これまでの人生で、脳細胞が最高の効率で働いた2時間だったと思う。

会議が終了すると、何も書いていないノートをしまい、すぐに平静を装って会議室を飛び出し、自分の机に駆け戻ると、パソコンの前に座って深呼吸。頭の中に入っている議題と議論の内容を打ち込んでいった。完成した議事録は、工学部長室の事務の方に、ごく自然に受け取ってもらえた。幸い、加筆修正の指示はなかった。

この失敗をきっかけに、私は自分の講義で学生に自信を持ってこう言っていた。

「講義を聴いて、ノートをとって安心していてはダメだ。ノートをなるべくとらずに、私の話を真剣に聴きなさい」

このとき、「筆記具を忘れたと思って」とは言わない。私の書記としてのミスを知らない学生たちは、「この先生、何を言い出すんだ」とポカンと口を開けていた。

後日、真面目そうな女子学生が私の居室にやってきて、今にも泣きそうな顔をしながら、「先生の言う通りにノートをなるべくとらないで講義に出ていたら、家に帰って復習ができなくて悩んでいます。講義中にノートをとってもいいでしょうか?」と言った。講義に対して抗議を受けたのは初めてだった。

優秀な事務職員のおかげで回っています

千葉大学工学部には、教育や入試という名のついたコアとなる委員会を含めて、10程度の委員会がある。それぞれの委員会のメンバーは、工学部を構成する学科から1名ずつ選出された教員（教授あるいは准教授）であり、委員長には、工学部長が全学科を見渡し、学科のバランスに配慮しながら、その委員会に向いていそうな教授を1名選ぶ。委員長を出すことになった学科は、〝平〟の委員も出すので、その委員会に計2名を提供する。委員の任期は2年である。

私は、千葉大学に25年もいたので、これまでに総務委員会と将来構想委員会という二つの委員会の委員長を任された。工学部長から電話がかかってきて、「お願いがあるのですが、〇〇委員会の委員長を……」と要請されたとき、断ることもできる。しかし、そうすると他学科の教授にそれが回るわけだ。「あの学科は汗をかかない」という評判が他学科から出るのは好ましくはない。各学科はいろいろな場面でお互いに協力しあっているからだ。どうせなら光栄に思って、委員長を気持ちよく引き受けるのがよい。

総務委員会の開催は不定期である。工学部のルールを変える必要が出たときに、改正案を作って教授会で新ルールを説明し、承認してもらうことが仕事の一つ。それから、工学部長や評議員を教授会メンバーによる選挙で選ぶとき、その実施に関わるのも総務委員会。

考えてみれば、工学部の教員が、ルール改正の文案作成が得意であるはずがない。そういうことに疎い人が集まっている。また、組織運営よりも実験や学生との議論が好きな人が多いはず。したがって、事務職員が頼りだ。優秀な事務職員が一人、委員会のメンバーに入っていたので、私の総務委員会はうまく進んでいった。

頭の中は自由な全学図書委員会

「総務委員長になると、全学図書委員会に工学部の代表として出席する」というルールを知った。全学の委員会なので大袈裟だ。大学図書館の事務室が、この委員会の招集を担当していた。

会議の日程の都合を聞いてはくれても、主役でない自分の都合に合わせてくれるとは限らない。「欠席のときには代理を必ず立ててください」とメールに書いてあっても、「そんな人、見つからんわい!」と言いたくなる。なんとか都合をつけて出席するのだ。「全学でいちばん規模が大きな工学部を代表しているんだから」と自分に言い聞かせた。

数年前に新装した大学図書館のきれいで大きな会議室に、ロの字型に机が配置されていた。所属と名前の書かれた三角プレートが置かれた席に座る。ぐるりと会議室を見回すと10学部の代表のほとんどが座っている。みんな難しい顔をしていて、ニコニコしていない。学部の代表なのだから、ヘラヘラしていては予算が減らされるかもしれない。20年近くも千葉大学に通っているベテランの私は、たまたま代表になっているだけだと思うので、わからない図書の専門用語や理解しにくい議題には、委員長に遠慮なく質問して教わることにしていた。

その委員長に西千葉駅の改札で会ったとき、挨拶しようかどうか迷った。所属学部が違うし、1年に2回くらいしか委員会が開催されないので、私のことを覚えていないだろう。学長が任命する委員長なので、私とは格が違う。普段から委員長がニコニコできないのは、大きな悩みを抱えているからだろう。研究雑誌の電子ジャーナルの購読料が、毎年毎年増えていっているらしい。

研究雑誌の世界最大の発行元であるE社は、評価の高い雑誌をたくさん持っていることもあって、購読料の交渉時に強気らしい。千葉大学の財政を圧迫している購読料について同情はできるが、私には解決策はない。工学系の研究雑誌だけが減らされそうになったら、「それは必須の雑誌です」と主張するだけだ。ああ情けない。

全学図書委員会に限らず、全学の名がついた立派な委員会では、大きな会議室が使用される。机の配置も余裕がある。すると隣の出席者との距離が大きい。対面の出席者との距離はもっと大きい。そのうえ、紛糾しないように議題も事前によく練られていて、審議事項とは言いつつ、承認していくだけのことも多い。私が発言を求められることはほとんどない。

したがって、会議中、私の頭の中は自由だ。「あの学生の実験はうまくいっていない。今度こうしてみよう」「K社への報告書の締め切りが迫ってきた。そろそろ準備しよう」「講義の中間試験が近づいてきたなあ。問題を作らなくちゃ」……。議事進行役である委員長の深い悩みに同情を寄せつつも、実は自分の浅い悩みを解決しようとしているわけである。

全学の委員会には必ず、大学の各学部から教員が1名ずつ出席している。普段まったく交流のない教員との接点ではあるけれども、座席が大きく離れていて、連帯感どころか親近感も味わえない。委員会が終わると「ハイ、さようなら」と各学部へ帰っていく。このように学部間の教員の交流はほとんどない。

一方、学生は一〜三年生での部やサークルの活動、あるいは学園祭の企画・実施を通じて、いろんな学部の学生と交流している。文系と理系、さらには理系とは言っても工学部と理学部とでも、カルチャーも教育目標もずいぶんと異なることを学生が知ることは、社会に出て役立つと思う。

将来構想を描けなければ『俺たちに明日はない』？

将来構想委員会の委員長をした2年間は、私にとって重荷であった。民間企業なら、「2030年までに利益を現在の2倍に持っていこう！」とか、「ヒット商品を開発しよう！」とか、具体的な目標を立てるのだろう。大学だと、「2030年までに受験倍率を現在の2倍に持っていこう！」とか、「専門だけでなく技術英語ができる学生を育てよう！」といった目標を立てられるが、教員はそれに対して力が入らない。なにしろ任期は2年である。副委員長時代を含めても4年。

目の前の研究課題の解決に、目の前の学生の生活態度の改善に汲々《きゅうきゅう》としていて、自分の将来像も描けないのに、「工学部の将来構想など、どうして描けようか？」と私は言いたかった。しかし、その気持ちを押し殺して活動した。私を指名したN工学部長からは無言の圧力がかかっている。将来構想委員会担当の事務職員のAさんから、「先生、いつごろ第1回の委員会を開催しますか？」と催促が入る。各学科の委員の都合を調整して、第1回将来構想委員会を開催した。

とりあえず自己紹介も含めて、各学科の委員に順に意見を言ってもらうことにした。すると、「予算が減らされて苦しい」「学生の質が落ちている」「定員が削減されて、そのぶん、雑用に多くの時間を割かれる」「入試の機会が増え、その業務が負担になっている」……。

私は心の中で、「この場が不満のはけ口になってきた」と焦った。学生時代に100円映画館（渋谷の全線座または飯田橋の佳作座）で観た映画『俺たちに明日はない』を思い出していた。

我に返って各委員を見渡すと、「委員長、いい議題を考えてよ！」と顔に書いてある。私は「次回までに、私のほうで企画を提案します」と平静を装って言い放った。私は内部での話し合いではダメだ、外部からの意見をもらおうと思いつき、大学を入り口（入試）、中身（カリキュラム）、そして出口（就職）に分けて、それぞれの現状や問題点を見つけることにした。これで委員会を3回ぶん、開けるぞ。講師への謝礼や交通費は、N工学部長が予算をつけてくださることになった。

「昔ならみんなで合宿して、将来構想を練ったものだよ」というN工学部長の発言に押されて、1泊2日の合宿を企画した。A社の人事部長をしていらしたMさんにコーチをお願いして、3名の将来構想委員と私との計5名で、千葉県南房総市の岩井の民宿に出かけた。平日なので電車も宿も空いていた。

合宿の1カ月前にMさんから、参加者に宿題が出た。「みなさんの所属学科のSWOT表を作ってきて、当日発表してください」という課題だ。このとき、初めてSWOTなる経営用語を知った。〝Strength（強み）〟〝Weakness（弱み）〟〝Opportunity（機会）〟、そして〝Threat（脅威）〟という意味だ。経営戦略を練る前に、現状を把握するためにSWOT解析が有効だということらしい。

普段、弱みや脅威には目をつぶって、強みだけを伸ばそうとしている私が、学科の教員40名を代表して学科のSWOT表を作れという宿題は、相当に難しかった。合宿でのプレゼンを終えて風呂に入り、南房総の岩場で採れたアワビの踊り焼きを食べながら、ビールを飲み、Mさんを囲んで、会社と大学の違いを語らったのを覚えている。そんなことがあってから、私は強みを伸ばすだけでなく、危機感を持って行動することにしている。

教授が教授に指導法を教える！

誰も引き受けない講演の依頼

「大学動物園説」というのを聞いたことがある。社会では通用しない、少し変わった人が大学には集まっているので、観察していると面白いというのが、「大学動物園説」の所以である。私はキャンパスをペンギンのようにペタペタと歩いているので、動物なら「ペンギン」と言ってもらってよい。

日ごろ、実社会との接触が少ない大学教員のために、大学ではFD研修会を定期的に開催するようになった。FDとは"Faculty Development"という意味で、組織の発展を目的に教員を対象にして研修を実施するわけだ。

いろいろな話題で研修が実施される。3大ハラスメント、すなわち「パワハラ」「アカハラ」「セクハラ」を起こさないための研修、公的研究費の正しい使用法の研修などがある。しかも研修のあと、研修事項の点検のためのテストを各自のパソコンを通して必ず受験して、合格することが求められる。ひっかけ問題も入っていて、素直な私はこうしたテストに1度では受からない。

鹿児島大学工学部の甲斐敬美《かいたかみ》先生から電話がかかってきた。甲斐先生は工学部の副学部長三人のうちの一人で、FD担当らしい。いまどきメールではなく、わざわざ電話をしてきて直接交渉するのはめずらしい。よほどの相談だろうと察した。

甲斐先生は、私が在籍した東京大学大学院のM研究室の3年後輩だ。バラック作りの建物2階にあった、収容人数3名の「特研」という名の居室で、3年間一緒に過ごした仲間である。その建物はとっくに取り壊されて、代わりに立派な研究棟が建っている。そんな関係だから、甲斐先生というより甲斐君と呼ぶ。斎藤先生ではなく斎藤さんだ。

「斎藤さん、千葉大学工学部でベストティーチャーに選ばれて表彰されましたよね」

その通りだ。科目名は「微分方程式」である。自分から言わないと誰も言ってくれないので、私が自慢している受賞歴である。「そうだよ」と私は甲斐君に答えると、甲斐君が言った。

「来年度から鹿児島大学工学部でもベストティーチャー賞を始めることにしたんです。それでお願いなのですが、うちの工学部のFD研修会で〝ベストティーチャーになる方法〟という講演をしてもらえませんか？」

「千葉から鹿児島までわざわざ出かけていき、しかも研究の話でなく、そんな題名の講演を、鹿児島大学工学部の教授と准教授、全員の前でしゃべりなさいだと⁉」と思った。「九州に誰かやってくれる人いないの？」と甲斐君に言うと、「いないから、頼んでいるんです。斎藤さんしかいません」。

いろんな先生に当たってはみたけれども、すべて断られたそうだ。そりゃそうだろう。「私はベストティーチャーでございます。今日はみなさんに、どういう講義をすればベストティーチャーになれるかをお教えします」なんて話にくる奴の講演を、誰が好き好んで聴きたいものか！　生卵を投げられてもおかしくない。

私は桜島のように噴火しそうになったが、冷静になってあのころを思い出した。甲斐君には私が飼っていた猫のチビを世話してもらった。

大学キャンパスで私が拾ったチビを、大学から自転車で5分ほどの私のアパートから、毎朝蓋《ふた》つきの買い物籠に入れて「特研」に連れてきていた。夜7時ごろ、再び籠に入れられて帰宅するまで、チビは大学キャンパス内の草場で遊んだり、特研の外階段を上がってきて居室で寝たりしていた。そのときにも甲斐君が私の代わりに、チビにエサをやり、かわいがってくれていた。

その甲斐君の頼みだ。ここはチビに代わって恩返しする決心をした。「やるよ」と私は何の構想もなく引き受けた。どうせ嫌われ役だから、逆にやりやすい。マイナスからの出発だ。ＦＤ研修会での講演後に、さつま揚げでも食べながら甲斐君と久しぶりに一杯やることを楽しみにして、気合いを入れて講演のスライドをゼロから作った。

鹿児島大学稲盛会館キミ&ケサ・メモリアルホールが、ＦＤ研修会の会場だ。鹿児島大学工学部の卒業生でいらっしゃる京セラ株式会社の創業者、稲盛和夫《いなもりかずお》氏が寄贈したホールで、その設計は世界に知れわたる建築家、安藤忠雄《あんどうただお》氏による。プラネタリウムのように客席が並んでいて、かなり急な階段状になっている。収容人数は３００名ほどだろう。そのホールの底の部分に講演スペースがあって、ライトアップできる構造になっていた。

講演題目は、もちろん「ベストティーチャーになる方法」である。直球勝負だ。当日、講演スペースには、講演者である私と甲斐君、工学部長のＷ先生３名のみがいた。司会進行は甲斐君が務め、その隣にＷ先生が同じ机に並んだ。

ＦＤ研修会は強制参加であったために、開始時間が近づくと教員が続々と席を埋めていった。私の目線と同じ高さの先生は、甲斐君とＷ先生の二人だけ。階段状ホールであるため、残りの１００名ほどの教員はみな上から目線だ。

足を組んでいるしかめ面の教員もいた。「さあ、ベストティーチャーぶりを見せてもらおうか？」とでも言いたげに私には見えた。35年の教員生活の中で、このときほどアウェーであったことはない。

私はチビの恩返しのために、いつもより中身の濃いメッセージを込めたスライドを作り、しかも楽しく感じてもらえるようにストーリーを組み立てた。サービス満点の講演をしたつもりであったが、メモリアルホールの雰囲気は盛り上がらないままであった。「ベストティーチャーを自慢しに、千葉から約１０００キロメートル離れた鹿児島までわざわざやって来た図太い教授」というマイナスイメージを振り払えるほどに、私はベストティーチャーではなかったのか……。

講演後にはW先生が必死に質問をしてくださり、締めくくりとして、「斎藤先生の講演をお聴きして、私も講義がしたくなりました」とありがたい言葉をくださった。工学部長ともなると、多忙で講義の担当を外れているのだろう。

会を終えると、甲斐君と鹿児島中央駅周辺の屋台へ移動して、昔の話で大いに盛り上がった。チビは白血病で20年前に亡くなっている。帰り道には、キャンパスの草場から出てきて「特研」の外階段をスタスタ上ってくるチビの姿を思い出した。チビは賢かったなあ。

「ワタシハ　サウイフモノニナリタイ」

岩手大学（通称、岩大。「がんだい」と読む）からも、ＦＤ研修会での講演依頼をいただいたことがある。そのときは盛岡に行けるので胸躍った。「どんど晴れ」というＮＨＫの朝の連続テレビ小説で、盛岡の老舗《しにせ》旅館の長男と横浜のケーキ屋さんの娘が主人公のドラマを思い出した。テレビに映し出された、山を背景とする盛岡市を流れる川の美しい風景が印象に残っていた。

ＦＤ研修会での講演題目は、岩大の山下哲郎先生とご相談して、「大学生と大学院生に英語論文の読み書きを教える方法」に決まった。理系の大学院生は、自分の研究成果はあっても、それを英語で書き上げることができないでいる。私だって当時、書けなかった。

暗黒の修士課程を経て博士課程に進んでも、学位を取るまでに5年かかり、学位を取るためにやっとのことで英語で論文を一つだけ書いた。その記念すべき英語論文の1報目は、内容は新しくても、たくさんの他人の英語論文から探してきた英文を埋め込んだ英文で、モザイク論文となっている。論文の書き方なんて誰にも教えてもらえなかった。

大学院から所属した研究室は、「自分のことは自分でなんとかする」という指導方針で、

〝超〟放任主義であった。M教授の得意とするテーマに近い学生には、それなりの指導があった一方、個人的興味によるテーマの場合、題名だけもらってあとのことは自分で考えるのだ。

私は後者のほうだった。したがって、私が日本語でも英語でも論文の原稿を書いて、M教授に持っていくと、「どうぞ、投稿してください」とそれだけを言われ、直されなかった。よい原稿だから直されなかったわけではなく、関心があまりなかった。だから、英語の論文も自分で書いた。

その反動もあって、私が研究室を運営した間、私が編み出した理系英語の学習法を学生に惜しみなく教えていたのは、前述した通りだ。むしろ押しつけているかもしれない。そうした評判が広まって、今回の岩大のような講演依頼をされることがあった。

盛岡に着き、タクシーに乗って岩大に向かった。講演の開始時間よりも2時間ほど前に到着するようにした。山下先生の研究室を見学させていただくためだ。それから、キャンパス内にある「農業教育資料館（私にとっては、宮沢賢治博物館）」に連れて行っていただいた。キャンパスの真ん中辺りに、古い木造校舎がひっそりと建っていた。この場所で宮沢賢治（呼び捨てして怖れ多い）が学んだと思うと、感動した。訪問客はどうやら、山下先生と私だけだ。

宮沢賢治の学生時代のクラス集合写真があって、年月を経てセピア色に変色していた。宮沢賢治は、卒業研究で盛岡周辺の地質を調べたらしい。その卒業研究論文が展示されていた。展示用ガラスの向こうに、論文の一部が見開きで置いてある。もちろんワープロなどない時代だから、直筆だ。

直筆は当然としても、私は「あっ」と思った。カタカナと漢字だけで書かれていて、ひらがなを使っていない。「コノ地域ノ岩ハ、ナニナニカラ……」という具合だ。当時はこれがフォーマルな書き方だったのだ。賢治が37歳の若さで死を前にして、東京本郷菊坂の住まいで手帳に書き込んだ詩が、有名な「雨ニモマケズ」である。あの詩がカタカナと漢字だけで書かれていたわけがようやくわかった。

私は「雨ニモマケズ」が大好きだ。あの並列表現の構造、そこから生まれるリズム、そしてメッセージとしての謙虚な姿勢に心を打たれる。しかしながら、この詩に対して、「サウイフモノニ　ワタシハナリタイ」という最後のところを、「ワタシハ　サウイフモノニナリタイ」と「ワタシハ」を初めに持っていくのがよいという主張を聞いたことがある。「理系の文章では結論を先に書け」ということを教えるために、そんなおかしなことを言っているのだろう。

宮沢賢治は、その卒業論文の内容からして明らかに理系の人間である。理系の人間だからこそ、すばらしい文学作品を残したのだと私は強調しておきたい。私たち理系の人間こそ、人にサービスできる文を書けるのだ。というわけで、宮沢賢治は文章を書くという点で、私たち理系の星である。私たちだって書けるはずだと勇気がわいてくる。

この研修会は30名ほどの教員、職員の方に向けての講演だった。FD研修会の表紙には、岩大向けに「雨ニモマケズ」、そして理系英語の学習法の講演を締めくくる最後のスライドに、理系英語版の「雨ニモマケズ」を用意したら、喜んでもらえた。平秀晴《たいらひではる》先生が帰り際に、宮沢賢治に関連した本をくださった。美しい盛岡に来て、私は宮沢賢治と時を越えて会えたような気がして、とてもうれしかった。

干されちゃったなら、本でも書くしかないな

大学では今、サバティカル（sabbatical）という制度が動いている。サバティカルというのは、長期休暇を取れる、すなわち〃味噌《みそ》つかす〃でいられる制度である。しかしながら、私の場合、すでに25年前に実質上、サバティカルをもらっていた。

研究室のボスであるF教授と私は、研究の対象や方針をめぐって対立していた。私は何よりも研究の実用化を急ぎ、作った材料の物性を詳しく調べるのは後回しにして、材

料の性能の向上を狙った。今から思うと乱暴だった気も少しするが、ともかくF教授とはその辺りで衝突した。

それで、「今から2年のうちに、どこかに移るように」とF教授から通告されたのだ。野球でいうと、戦力外通告である。移るまでは四年生を一人受け持って、卒業研究を指導するだけでよかった。学科や研究室の雑務も外れてよかった。それでも給料はもらえた。

私の窓際生活、実際には地下にある実験室の2階だったので、〝天井際〟生活が始まった。なにしろ自分で使える時間がたっぷりとあった。それまでの研究をまとめようと思ったけれども、まとめるほどの成果もない。それに未定の転任先でも研究は続くはずだ。それなら、とこれまでの教育をまとめることにし、自分が担当してきた「移動速度論」の講義内容を教科書にしようと決意した。40歳を前にして教科書など書くと、先輩の先生から「ちゃんと研究しているの？ 教科書を書くなんて20年早い。定年してからでよい」と言われるに決まっているが、〝天井際〟まで来ていると、そんな批判も怖くはない。

国立大学の教員だと、給料は税金から払われるので、本来なら時間があるとはけしからんことである。講義は続けて担当していたとはいえ、給料泥棒に近かった。教科書を作るのは、若い学生のためだと考えて自分を納得させた。

私の教えていた科目「移動速度論」は、英語では"Transport Phenomena"という名なので、荷物を輸送することについての学問のように聞こえるけれども、そうではない。物質や熱の移動現象を、数式を使って解析する学問である。

数式を作り、解き、そして現象を説明できるようになる。化学と機械の分野にまたがる大事な工学科目である。身近なことでいうと、夏の暑い日にスイカを買ってきて、食べごろまで冷蔵庫で冷やすのに何時間かかるのかを、この科目を習うと計算して予測できるようになる。

なにせ時間はあるので、講義を終えて大学の天井際に行くと、原稿を作ってワープロを打ち、印刷して、推敲《すいこう》を重ねた。当時、研究仲間であった吉田剛《よしだつよし》さんにイラストを作成してもらった。この本の内容のベースは、学生時代に自分が気に入って勉強した英語の本『Transport Phenomena（Bird, Stewart, Lightfoot というアメリカの3名の先生が、1960年に出版した本）』である。自分が感動した部分を再構成しているので、受講生からの受けがよい。

出版社、捨てる神あれば拾う神あり

教科書の題名は『スーパーウエット数学入門』とした。当時、スーパードライというビールが大ヒットしていた。私たちが大学へ入って学ぶ数学の多くは、あくまで純粋数学であって、抽象的で何に役立つかという説明はほとんどなかった。そういう点では、数学はスーパードライであったので、それに対抗する題名にした。書店でなんだろうと手に取りたくなる題名であると、自分では満足していた。

原稿は書き上げたのだけれども、さて「どの出版社から売ってもらうか?」ということに、そこで初めて思いいたった。とりあえず、自分が大学時代に使っていた数学書の出版元に原稿を送った。複数の出版社に同時に送って、複数からOKが出るとまずいので、出版社リストを作って順番に送ることにした。分厚い原稿に、丁重なお願いと連絡先を書いた手紙をつけ、返事を待った。

あとから考えると、採用の可能性はゼロであった。なかなか返事が来ない。忙しいのだろうと思い、3週間経ったら出版社に電話することにした。当時、メールはなかった。

「こちら、東京大学工学部の斎藤と申します。出版事業部をお願いいたします」

当時は代表電話で受付の方が対応してくれた。取り次いでいただき、「はい」と相手が出た。

「あのー、先日、原稿をお送りした東大の斎藤と申しますが、検討していただけたでしょうか？」

「ああ、読ませていただきました。申し訳ありませんが、うちではお引き受けできません」

「あ、そうですか。ありがとうございました」

電話を切ってから、「ダメならダメで早く返事をよこしてよ。それにダメな理由ぐらい教えてよ」と心の中で叫んだ。

出版社リスト、第2位に送り付けた。第1位からは分厚い原稿は返送されなかったので、また全部コピーして送った。また3週間が経った。編集長が電話に出てきて、「すみません。うちは持ち込み原稿は扱わない方針でして……」

私は「ありがとうございました」と言って、電話を切ることしかできなかった。「だったら、すぐに断ってよ」。第2位の出版社からは数日後に、不採用へのお詫びの手紙と分厚い原稿が返送されてきた。

世の中、厳しい。無名の研究者の教科書原稿に冷たい。高名な先生に依頼して教科書を作るのが通例らしい。参った。しかし、このままでは終われない。第3位の講談社サイエンティフィクという出版社に原稿を送った。これまでの経験から、今回は1週間後に電話をした。

すると出た編集長が、「うちでは無理ですが、先生がよろしければ『ブルーバックス』に回してみますが……」と提案してくださった。私は『ブルーバックス』を思い描いた。装丁をはがすと薄いブルーの本で、本のサイズは新書判だ。「あれって高校生が夏休みに読む啓蒙書のシリーズだったよなあ、私の書いた原稿は大学生向けの教科書なのになあ」と思ったけれども、これまでの不調の経緯から「よろしくお願いします」と返事した。

「捨てる出版社あれば、拾う出版社あり」である。私の前に神様が舞い降りた。ブルーバックスの編集長、柳田和哉《やなぎだかずや》さんから電話をいただいた。

「読ませていただきました。ブルーバックスはこれまで縦書きだったのですが、横書きに冒険してみます。原稿に出てくる微分方程式は縦書きだと読みにくいですから」

私はうれしかった。この際、本のサイズはどうでもよい。原稿が埋もれずに済みそうだ。「ただし、この題名では売れませんから、『道具としての微分方程式』ではいかがでしょう?」と神様からの提案だった。「わかりました。それでお願いします」と全面幸福、いや降伏である。

それからはあっと言う間に編集作業が進んだ。編集長自ら担当してくださり、1994年9月、『道具としての微分方程式』が全国の書店に並んだ。本の題名は著者に決める権利はない。本が売れなくても著者は責任をとらないからだ。責任をとるのは編集者である。売れないと「知的産業廃棄物」が出版社に発生する。要するに負債だ。したがって、売れるように題名を決める権利は出版社側にある。当たり前の論理を知った。

『道具としての微分方程式』の装丁は、柳田さんが私に選ばせてくださった。複数のイラストレーターのポートフォリオが送られてきて、そこから好きな絵柄を選んでよいという。私はおかもとみわこさんにお願いすることにした。恐竜が載っているすばらしいイラストである。25年以上経った今でも、とても気に入っている。

完全に干されていた、すなわちスーパードライ状態にあった私が書いた最初の原稿が、25年近く経った今でも絶版を免れて生き残っている。実質上のサバティカル時代に書いた本がサバイバルしている。若いころの勢いが読者に伝わるのかもしれない。「教科書を書きたいなら、若いうちに書いたほうがよい」と若い先生に伝えておきたい。歳をとって書いたからといって、よい本になるとは限らないのだ。

終　章

「研究」は一人では成し遂げられない

研究資金は死ぬ気で確保せねば！

年間500万円の調達が必要

学部四年生が卒業論文を、あるいは大学院生が修士論文を作成するために、一人の学生が研究室で1日8時間にわたって実験するとしよう。その1日の実験で、試料（サンプル）の作製や分析のために使った試薬の代金を2000円とする。すると、月に20日間で4万円、12カ月で48万円となる。

たとえば、一人の教員が指導する学生が、学部四年生が3名、大学院修士課程の学生一、二年生がそれぞれ3名、さらには博士課程の学生が1名いるとする。すると試薬代、言い換えると研究費を使う学生は、合計10名になる。一人の学生に48万円かかるから、10名で480万円。1年間に、ざっと500万円の研究費を調達しないといけない。

研究室にじーっと座っていても、お金は向こうから歩いてやってこない。しかも、研究費のほとんどは年度を繰り越せないので、毎年毎年、500万円の研究費を工面する

のだ。〈毎年〜毎年〜、ぼくらは研究の〜費用を集めて、いやになっちゃうよ〜♪〉

救いは学生に給料を払う必要がないことだ。それどころか、学生は大学に学費（国立大学の場合、年間54万円）を払っている。また、研究室の家賃、電気代、水道代の請求はこない。私の給料は大学から支払われる。私の父親がシャーリング業（注文に応じたサイズに鋼板を切断して売る商売）を一人で営んでいたので、私は働かないと食っていけないことを十二分に知っている。その父に比べれば、私はずっと楽だったと思う。

ときどき、分析装置、たとえば分光光度計のランプの寿命がやって来て、切れる。測定装置、たとえばpHメータのガラス電極を、学生がうっかり破損してしまうこともある。いろんな装置が古くなり、修理や買い替えが迫ってくる。そこで年間５００万円とは別に、年間１００万円あるとうれしい。

研究費は、あればあるほどよいわけではない。多額のお金があると、使い切ることや関連書類を作成することに忙しくなって、頭が働かなくなることだってある。研究の推進力は、お金ではなく、アイデアや工夫だと言い切ってみせる「やせ我慢」が研究者には大切である。

40年前なら、文部省（現在、文部科学省）が、それなりに大きな額を大学に支給していた。現在は、国立大学は法人となり、『親方日の丸』の意識を捨てて、それぞれ経営努力せよ」と言いわたされた。そうして文科省からの運営費交付金が、毎年毎年減ってきている。

手取り足取りの科研費申請

教員の研究費の調達先は大別すると三つ。

まず科学研究費補助金（通称、科研費）で、文部科学省と日本学術振興会が資金源。次に民間助成金で、これはありがたいことにたくさんの助成財団がある。たとえば、双葉電子記念財団。双葉電子工業株式会社の創業者である衞藤五郎《えとうごろう》氏と細矢禮二《ほそやれいじ》氏が財団を作り、自分の所有していた株をその財団に寄付した。毎年、株の配当を研究助成に充てている。三つ目は、民間企業からの研究費である。民間企業は共同して研究を行い、必要な費用の一部を大学に納める。

科研費や民間助成金を獲得するには、申請書類を作成・提出し、審査を受ける必要がある。一方、共同研究費の獲得には、民間企業が魅力を感じる研究テーマが必要である。お付き合いで１００万円の研究費を出してくれるほど企業に余裕はないのだから、民間企業から来る共同研究の申し出のほうが、工学部の教員としては科研費の獲得よりも誇るべきことだ。大学の研究が社会に役立つ可能性があると認められたことになる。

科研費の獲得に向けて、全国のどの大学でも教員を懸命に支援している。獲得した科研費が大学の研究活動度合いの目安にされているからである。科研費の仕組みの説明会、前年度に採択された教員をゲストに招いての申請書類の書き方の講演会、申請書類の点検・校閲の実施まで、手取り足取りの親切さだ。大学の書店に行けば、「科研費の獲得法」といった本が堂々と棚に並んでいる。一昔前はこんな緊迫した状況ではなかった。

科研費の審査はAI付きロボットにまだ依頼されていない。ある分野でそれなりに成果を出している、それなりの年齢の教員や研究者が、学会から科研費の審査員に選出される。審査員になると申請書類を読んで点数をつける。自分も申請していることもあるので、そのときにはその書類の審査は辞退するというルールに従う。複数の審査員で一つの書類を審査し、平均値が算出される。

私も科研費の審査側に回ったことがある。その審査期間が終わると、審査員の名は公表される。申請書類の締め切りは11月中旬だから、それらが分類・整理されて、研究費の配分機関から審査員の机に届くのは12月中旬だ。25件ほどにまとめられた分厚い冊子が2冊。1月下旬までに点数をつけて配分機関に報告する。点数だけでなく、その点数をつけた根拠を数行でコメントする。

この年末年始を挟んだ時期には、自分の研究室でも、卒論や修論のまとめ方を学生と悩みつつ議論している。研究室の大掃除がある。学内の委員会が多く開催され、果ては忘年会や新年会が重なってくる。年賀状だって数百枚を書く。家族とのクリスマス会や初詣がある。遠くでジングルベルや除夜の鐘を聞きながら、時間を作って申請書類に点をつけているのだ。

そういう審査員側の状況をよくよく考えて、書類を作ることが肝心だ。申請者側には名前を知らされていない審査員が、いつ、どこで、どんな気持ちで、たくさんの書類を読んでいるかを想像すべきである。1ページ目を読んで、研究の目的・目標がさっぱりわからなかったら、よい点はつかないだろう。

「文章を書くことの根本精神はサービスにある」と、私の愛読書『いますぐ書け、の文章法』（堀井憲一郎著、ちくま新書）の冒頭にある通りだ。早く読めて、わかりやすく、具体的である申請書ならうれしい。読んでいてストレスを感じない書類をめざしてほしい。子どもとの久しぶりのクリスマス会や、同級生との久しぶりの忘年会を断って審査しているかもしれない。

あるいは、日本のどこかの審査員に、自分の申請書類は却下されているかもしれない。〈ああー、日本のどこかに〜、私を、落としてる、人がいる〜♪〉

班長M先生からの激しい叱咤

JSTというのは、「Japan Science and Technology Agency」の略で、「日本科学技術振興機構」のことだ。文部科学省所管の国立研究開発法人である。さまざまなテーマで多額の研究助成を実施している。私は個人型研究「さきがけ」という分類の予算に申請して採択された。初年度の公募では落選したが、次年度の公募では幸運にも補正予算がついたために、繰り上げ当選だった。それでも当選なら助成金額は同じだ。年間に約1300万円で3年間続く。

書類審査に受かると、面接審査に進む。面接審査は、上野の不忍池の畔《ほとり》にあった小さなビルの一室で日曜日に行われた。15分間のプレゼンとそれに続く質疑応答しだいで、約4000万円の研究費がもらえるのだから、とても緊張した。

「採択」の知らせをもらって、飛び上がって喜んだ。しかし、そこから3年間はしんどい日々だった。助成額が大きくなれば、要求される研究成果が大きくなるのは当たり前だと言われれば、その通りだ。

年に3回、そのグループの全員（大学の若手教員や研究所の若手研究員、20名ほど）が、1泊2日の合宿方式で指定の場所に全国から集まった。そこに、生物学の分野で世界的に有名なM先生が班長としていて、さらに面接審査を担当したアドバイザーと呼ばれる著名な3、4名の先生が加わった。成田、諏訪湖、葉山、大垣などのホテルに缶詰めにされた。

各年度に「研究計画発表会」「中間報告会」「最終報告会」が開かれた。1日目の午後から一人20分ずつ8名ほどが全員の前でプレゼンだ。1日目の夕方には、アドバイザーの先生の一人が自分の研究を紹介した。こちらは1時間の持ち時間だった。2日目は朝から12名が発表した。各発表のあとには10分間、アドバイザーやM班長から鋭い質問や厳しいコメントが浴びせられた。

若手の教員や研究者とはいっても、特定の分野ですでに大活躍している人もいた。私は「補正予算組」だったので、この班の中でトップクラスでないことはすぐに自覚できた。発表内容のレベルやスケールが違っていた。それは成果が掲載されてきた研究雑誌の種類からもわかるのだ。

2年目の研究計画発表会のときに、順番として私の前に発表したAさんの研究計画の発表が終わると、M班長が手を挙げてコメントした。「そうした方向で研究をするのなら、やめなさい」との発言だった。会場は静まり返った。

M班長は普段はニコニコしていたので、最初は冗談のように聞こえたが、続けて「そんなことをやってもらうために、君を採択したのではない！」と本気でおっしゃった。Aさんの研究はM班長の研究に近かった。だから、M班長はAさんの計画の内容をすぐに理解し、「君の研究の方針や方法はダメだぞ」と本気で叱った。その研究者は少し反論したが、M班長の激しい追及が続いて黙り込んだ。

40代になって、多くの研究者の前で研究方針について本気で叱られることは、「引退勧告」を受けたようなものだ。泣きたくなるほどの悔しさを味わうだろう。私がそうした場面に出合ったのは、あのときだけだ。M班長は、毎年3億円近い金額の研究費をJSTから任されて配分しているのだから、重圧がかかっている。班のメンバーに目標を達成してほしいと、誰よりも強く願っているに違いない。大型予算には大型叱咤がともなうことがある。

Aさんに割り振られた時間はとっくに過ぎていた。次の発表者が私だった。会場が凍りついている。私はいつもより慎重にプレゼンを始めた。私の研究は、M班長の研究と最も離れていた。したがって、私の研究の方向が正しいのかどうかはわからないはずだ。それでも、私がこれまでに最も真剣にプレゼンをした場面となった。

この班の研究期間が終わって数年後に、M先生がお亡くなりになったという知らせが入った。桜の咲く時期に、班の事務局長でいらしたTさんが、班のメンバーに声をかけてくださり、墓参りに行った。

富士山の麓《ふもと》に集まったのは5名ほどで、その中にAさんがいらした。あの叱咤のあと、休憩時間に発表会場の隅でM班長とAさんとが話し合いをしていた。次の中間報告会では、研究の方針を変えて研究を進めていた。本気で叱ったM先生の墓の前で長い間、手を合わせていたAさんの姿が忘れられない。

「大学だけが人を育てるところではありません」

塩事業センターが財務省に応募して、「塩製造技術高度化研究開発事業」が採択された。塩事業センターというのは、日本専売公社から塩部門が独立してできた公益財団法人である。同じたばこ部門は、「日本たばこ産業株式会社（JT）」になった。

私たちのテーブルに並んでいる食卓塩は、昔ながらの「塩田法」で製造されていない。現在の製塩法を説明すると、まず、瀬戸内海の海水を汲《く》み上げて濾過《ろか》する。次に、イオン交換膜というプラスまたはマイナスの電荷を持つ、2種類の高分子製フィルム状の膜を2000対ほど挟んだ電気透析装置を使って、海水の塩の濃度を7倍に濃縮する。最後に、濃縮された海水（かん水と呼ばれる）中の水を真空下で蒸発させ、そこで初めて塩の結晶（食塩）が出来上がる。

このように、日本では電気を使って塩を作っているため、製塩コストがかかる。それに対して、海外には岩塩や天日塩があって、それぞれ掘り出したり、積み出したりすれば、簡単に塩を入手できる。

私には製塩の研究は関係ないと思っていたところに、塩事業センター海水総合研究所のH所長が千葉大学を訪ねてきた。「先生の技術で、現在使っているイオン交換膜よりも性能が高い、新しいイオン交換膜を作ってください」という頼みだった。私はあっさり断った。

この研究プロジェクトの目標は、現在のイオン交換膜の性能を超える膜を作製することである。そう簡単な話ではないとすぐにわかったからだ。これまでにたくさんの研究者が工夫を積み重ねてきた成果である現在のイオン交換膜の性能を超えるなんて、無謀だと考えた。しかも、一研究室で学生と私とで開発するなんて無理だと思った。

2週間ほどして、Hさんが再び千葉大学へやってきた。「この仕事は、日本の食塩の自給率を下げないために必須なんです」とか、「もう一つの大学研究室の先生は、斎藤先生がやるなら私もやりますと言ってくれました」とか、「研究費は3〜5年間にわたって年間1000万円ほど支給します」とか、研究室の狭い会議スペースでHさんは粘った。「うーん」、これは手強いぞ。

「日本のため」「相手のため」、そして「お金のため」。もうどうでもよい、私は引き受けることにした。目標が明確なプロジェクトは、専念する研究者を探さないと目標を達成できない。片手間でやれる仕事ではない。

私が大学で講義をしていたときに、突然「ハイ」と手を挙げて、「先生、今の話、感動しました」と感想を述べる学生がいた。千葉県立長生高校の卒業生、三好和義《みよしかずよし》君であった。三好君は長生高校での3年間、往復47キロメートルの通学路を自転車で通い続けた。「雨ニモマケズ、風ニモマケズ」にペダルを漕《こ》いだ。ただし、ときに風邪には負けたようだが。

三好君は千葉大学に入学後、三年生の後期になって私の研究室を志望し、卒業論文と修士論文を作成した。その後、外資系化学会社L社に就職した。

私は1週間ほど人選し、「これは三好君しかいない」と思い、連絡した。三好君はコスト・パフォーマンスを大事にしていて、使った研究費に対する研究の成果をいつも気にしていた。楽観的かつ見どころのある学生だった。仕事帰りの三好君をJR総武線小岩駅前の喫茶店に呼び出し、丁重に頼んだ。

「三好君、こんなプロジェクトが舞い込んできたんだけど、大学の研究室に戻って、研究してくれませんか？」

3年間みっちりと育ててもらった私と、ようやく採用してもらったL社との板挟みで、三好君は困っていた。「日本の食塩の自給率を維持するために……」、「三好君のほかにはいないので……」、「研究費から給料を出せるから……」と、私がHさんに口説かれた言葉を、ほとんどそのまま三好君に向けて自分が言っていることに気がついた。

3日ほどして三好君から電話があり、「引き受けます」と言ってもらえた。私はほっとした。もちろんその後、L社の人事のトップから私は呼び出された。丸の内の立派なオフィスビルの高層階にL社の本社があった。冷静に絞られた。

「斎藤先生、大学だけが人を育てるところではありません。会社にも人を育てる義務があるんです。せめて3年間はいただかないと……」

この言葉に私は感銘を受けた。しかし、日本の食塩のためと自分に言い聞かせて、ただただ謝るしかなかった。

三好君は研究室に戻ってから、学生と一丸となって製塩用イオン交換膜の新しい作製法の開発に取り組んだ。幸いにも努力が実り、当時使用されていたイオン交換膜の性能をわずかとはいえ超えた。Hさんの海水総合研究所は、そこからさらにその性能を超えるイオン交換膜を作り上げることに成功した。数年経つと、日本の食卓塩の半分は、このプロジェクトから生まれたイオン交換膜を使って製造された塩になる。

このプロジェクトは三好君の人生を大きく変えた一方で、食塩の製造での必須材料を大きく変えた。学力だけでは技術開発はできない。そこには気力と体力が必要である。三好君のような人材が、日本の新しい技術を作り出すのを私は目撃することができた。

最近は大型予算をアメにして、大学の教員を見えないムチで叩いて競争させている。しかし、学生は教員のもとで指導を受けるが、予算の多い教員にだけ指導を受けるわけではない。それに学生は、指導教員を予算の大小で選んでいない。むしろ、その基準で選んだとすれば、それは成長しない学生に違いない。

研究室の持つ予算に関係なく、そこで指導される学生には、研究室で能力を伸ばして社会で大いに活躍してもらいたいはずだから、予算を集中させるより、平らに予算を配分して、潜在能力を持つ学生の将来に期待したほうがよいと私は思う。

「修士一年の間は実験しないで、勉強しなさい」と言われ

研究費の獲得について、これまで紹介してきた。一方、研究費の使用額を最小化する方法が二つある。

一つは、毎日一人の学生が２０００円も使わないように研究を仕向ける。具体的には、実験研究から理論研究、あるいは調査研究へシフトする方法。学生には、朝から晩まで机の前に座って文献を読んでもらう。これなら文献を１００枚コピーしたとしても、１０００円で済む。毎日それだけの論文を熟読できるわけがない。これまでの理論を習得するだけでも、相当に日数がかかる。

しかし、よいことだけではない。実験研究なら、これまでの教員の経験を生かせるので、それなりの指導ができるのに対して、理論研究では、教員はあらかじめよほど勉強しておかないと、学生のほうが理論に詳しくなってしまい、研究のレベル（深度）も進み方（進度）も学生しだいになる。

研究費を使わないで済むもう一つの方法は、学生の実験期間を減らすことである。私が修士課程で在学したM教授の研究室が、結果的にそうなっていた。

「これから一人前の研究者になれるように頑張るぞ！」と意気込んで、修士課程に入学してすぐに、M教授にご挨拶にうかがったところ、「修士一年生の間は実験はしないで、勉強しなさい」と通告された。M教授は学会でも高名な学者であり、助さん格さんが両脇にいなくても威厳があった。

私は「はい」と答えた。「大学院は、そういうところなんだ」とすっかり納得した。

私が修士一年生のときの研究室での生活を振り返ると、3カ月を丸々かけて一つのテーマを自分で探して、図書館に籠《こも》って文献を漁りコピーして分類した。その中から参考になる文献を選び出して、一つの論文につき1〜2週間をかけて内容を読み込んだ。

その後、研究室による報告会での1時間超の発表に備えて、配付資料を作成した。この報告会にはM教授以下、助教授、講師、助手、技官、博士課程と修士二年生の先輩学生、そして学部四年生の後輩学生が出席した。その発表だけが修士一年生の評価の機会だったから、私も真剣であった。そんなことを修士一年の間、ほとんど異なるテーマについて4回繰り返した。

実験がないと研究室で規則正しく生活できた。3時になると、先輩や同室の先生にお茶やお菓子を用意した。電話番やゴミ片付けをした。夕方になったら、隣の研究棟の最上階にあった天井の低い卓球場で研究室のメンバーを誘って遊んだ。

修士二年の7月になって、ようやく修論のテーマが決まり、実験が始まった。したがって、2年間の一人当たり推定研究費96万円のうち、私の場合なら15カ月間はコピー代くらいで済んだので、4万円×15カ月からコピー代金として5万円を引いても55万円は浮いたことになる。M教授は学会の会長を務めるほどの先生であったので、研究資金は不足していなかったから、研究費を最小化するために修士一年生の間、私に実験をさせなかったのではないだろう。

しかし、修士一年生の間に実験研究が始まらないと、困ることがある。なんといっても学生は就職活動どころでなくなる。会社の面接試験で「どんな研究しているの？」と聞かれて、「まだ勉強中です」と言えば、落とされるに違いない。

他の研究室に配属された同級生は、入学してしばらくすると実験を始めていて、研究が進んでいた。修士二年の3月初めに、修士論文の審査を兼ね、学科全員の先生と院生が参加して開催される修論発表会では、私は短期間にやっとの思いで取ったデータを使って、ほとんどない研究成果を発表した。他の研究室の同級生の発表を聴いて、こんなに差がつくんだと驚いた。自分があまりに情けなくて、その夜は涙した。

そんなわけで、私も同級生の野崎《のざき》泰彦《やすひこ》さん（現在、ナイカイ塩業株式会社の代表取締役社長）も、M研究室で博士課程に進学した。博士課程で研究者の能力をつけようと頑張った。M先生は私たちの博士課程二年修了時に、定年退官なさった。

修士論文のテーマは、修士二年生の夏休み前に突然M教授がくださったものだった。しんどい思い出であるが、今から思うと、テーマの広がりや深さを嗅ぎ分け、絞り込む能力をつけた時期でもあった。

「修士一年生の間は実験はしないで、勉強しなさい」という指導方針を、教員となった私はとらなかった。あんなにしんどい時期を、自分が受け持った学生に味わわせたくなかったからだ。しかし、振り返れば、M教授の指導方針も、深遠な教育理念からきていたのかもしれない。

博士課程の初めの2年間は、長くて暗いトンネルを通っていた〝暗黒〟時代であった。私は博士課程三年になって、初めて学会で発表し、初めて論文が雑誌に掲載された。当然、学位は3年間で取得できずに、2年先に延びた。

産学連携し、情熱を胸に研究してきた！

「1社の利益の一部を担えるような研究」という約束

1985年、私は32歳のとき、多孔性ポリエチレン製フィルム（スーパーマーケットにある薄いポリ袋と同じ高分子素材を使ったフィルム）を実験での出発材料として使いたくて、「日比谷映画」の建物と路地を挟んで並んでいた日比谷三井ビルにある旭化成工業株式会社本社を訪ねた。

事前に電話で約束した時間に、機能膜事業部の福田正彦さんと面談し、昼食までにはまだ時間があったので、社員食堂の隅でコーヒーをいただいた。「海水からウランを採取する高分子吸着材を作る予定です。旭化成が最近、開発した多孔性ポリエチレン製フィルム（HIPORE™という製品名）を提供いただきたいのですが……」とお願いした。福田さんはにっこりして、「わかりました。差しあげます」とおっしゃってくださった。続けて、私にこうアドバイスをくれた。「大学の先生一人が、1社といえども、その会社の利益の一部が担えるような研究をできるようになれば、日本はすばらしい国になると思います」。私は材料が欲しいばかりに、「わかりました」と答えた。福田さんとのこの約束によって、私の研究人生は大きく変わった。

　1年ほどして、福田さんの上司でいらした豊本《とよもと》和雄《かずお》さんから、多孔性ポリエチレン製フィルムと同じ材質の多孔性ポリエチレン製中空糸膜も提供してもらった。私の研究室では、それを出発材料に使って、学部四年生や大学院生が、超純水中に極微量に溶けている金属イオンを除去する研究や、医薬用タンパク質製造プロセスの液体から不要タンパク質を除去する研究を、10年超にわたって続けた。

中空糸状イオン交換体「QyuSpeed™D」

　旭化成株式会社の技術開発と技術営業陣の尽力によって、2011年6月に「世界初の中空糸状イオン交換体“QyuSpeedD™”」が旭化成メディカル株式会社から発売された。この膜はフランスの製薬会社で使用されたが、今は売っていないようだ。福田さんとの「一社の利益の一部を担えるような研究」という約束を、ようやく果たせる一歩手前で止まってしまったようで、そこは残念だ。

共同研究には三つのよいことがある

私の研究課題のほとんどが、企業との共同研究から考え出されたテーマであった。というより、幸せなことに、35年間ずっと問い合わせが続いた。15社ほどの企業とお付き合いをしてきた。

共同研究の利点は三つある。一つ目は、研究費を大学に納入してくれることである。30年前から変わらず、1テーマにつき100万円である。企業からすると、この金額なら契約書類に押す印鑑の数が少なく済んで出しやすいとのことだ。最近は、大学の経営状態が厳しくなってきて、100万円のうち30万円は大学の運営費に回る。それでも研究室に回ってくる残りの70万円は、装置が買える金額ではないけれども、試薬代、器具代、学会参加費に使えるので助かる。

企業で社員に同じテーマをやらせたとしたら、人件費だけでも5倍の500万円はかかるだろう。学生、たとえば学部四年生は、年度末に卒業論文を提出して卒業するために、青春をかけて研究に取り組む。また、指導教員も学生を必死にサポートするのだから、予想を超えた成果が出ることも多い。言い換えると、大学での研究はコスト・パフォーマンスが高い。

二つ目の利点は、共同研究で取り上げるテーマの「独走」性である。「独創」ではなく、「独走」である。共同研究を開始する前に、秘密保持契約を企業と大学との間で結ぶ。大学は共同研究で得た研究成果を、企業との協議・承諾なしに、学会誌に投稿したり、学会発表を申し込んだりできない。その代わりに、企業で困っている事柄や業界での最先端の情報を教えてくれる。その中から研究テーマを設定できる。学会誌を読んでいても、学会に参加していても、そうした研究テーマには出合えない。

実用化に近い研究だと、地道で泥臭いテーマも多い。たとえば、「タンパク質がなるべく吸着しない材料の作製」を依頼された際には驚いた。「狙いのタンパク質、たとえば、医薬用タンパク質を吸着捕捉する材料の作製」が研究の中心だと、私はてっきり思っていた。そのほうが学会では流行《はや》っていたからだ。

あるときは、「耐久性のある吸着材の作製」を要求された。そりゃそうである。その吸着材がいくら高性能でも、繰り返して使えないと実用にはならない。またあるときは、「コストを抑制できる薬品や作製経路で吸着材を作ってください」という制限も企業から付け加えられた。

企業の要望に沿って、地味で泥臭い仕事をしていると、学会では評判が上がらない。言い換えると、スマートでないと思われる。そのため、前述したように私はボスの教授から、「君の研究は企業でやるべき内容です。もう少し大学らしい研究をしてください」と、教授室に呼び出されて忠告されたことがある。

私は「はい、わかりました」と答えつつ、企業との共同研究に魅力を感じ、その路線を続けた。日本でも世界でも、誰もやっていない研究テーマかもしれないからだ。

三つ目は、最高の教育を学生へ提供できることである。共同研究では、3～4カ月おきに両者が集まり、打ち合わせをしてきた。共同研究担当の学生は、その間の実験結果を事前に報告書にまとめる。

当日は大学側からその学生と私が、企業側からは相当に偉い担当者と部下の研究者・技術者2名がやってくる。研究室の狭い会議スペースで、5名が膝を突き合わせる。学生が説明し、他の3名は質問したり、コメントしたりする。こうした真剣勝負の場は、学生にはストレスであると同時に、成長の機会でもある。

企業の遠くの研究所から出かけてくるので、打ち合わせは3時ごろから始まって5時半ごろ終わる。すると、企業のそれなりに偉い方が学生を誘って、JR総武線西千葉駅の向こう側の居酒屋、たとえば「養老乃瀧」に連れ出す。おいしいものをたらふく食べさせてくれる、学生の慰労会《いろうかい》である。学生慰労会では、会社のことにも話が及ぶ。共同研究の話にも増して、学生にはとても大事な機会になる。就職活動の参考にもなるし、今後の会社人生に役立つこともあるだろう。

ただし、学生慰労会も後半になると、お酒も進んできて、「単身赴任を長くやっているなあ」「単身赴任の寮生活は寂しいもんだよ」「社員寮から最寄りのコンビニまで車で10分かかる」などなど、哀愁《あいしゅう》が漂う発言も出る。こうした発言を聞いた学生は、会社の偉い方に「ぜひ、うちの会社に来てくださいね」と入社を誘われても、エントリーシートを出さない可能性が高い。

共同研究先に学生が就職しなくなる最近の例を紹介しよう。学生のG君が共同研究先のN社のMさんに頼まれて、実験データをメールで送信することが何度もあった。それに対する御礼のメールの返信時刻が、決まって土日の真夜中だというのだ。

G君は優秀な学生だったので、「うちの会社で一緒に働こうよ」とMさんから勧誘された。しかし、G君は「ありがとうございます」と御礼を言ってはいたが、N社にエントリーはしなかった。とはいえ、それを含めて共同研究は、学生にとって社会勉強になるはずだ。

サンプルを送ったときの成功率は、千に一でなく、万に一

前述した旭化成の福田さんは、多孔性ポリエチレン製フィルムHIPORE™の用途を探索していた。自社、他社を問わず、問い合わせがあると丁寧に対応し、サンプルを送り続けた。私が共同研究の打ち合わせのために旭化成本社の豊本さんを訪ねると、「斎藤先生、何か使い途《みち》を考えてください」と福田さんは必ず声をかけてくださっていた。

残念ながら、私はその役に立たなかったが、その後、長く地道な技術営業の中から、リチウムイオン電池のセパレータ（プラス極側とマイナス極側を隔てる膜）への適用が見出され、試験・改良のうえで、実用にいたった。福田さんは「サンプルを送っての成功率は、千に一でなく、万に一です」と、私にいつものようににっこりと教えてくださった。

リチウムイオン電池のセパレータのシェアは、旭化成が現在、世界一である。福田さんはこの功績によって、「社長賞」を受賞している。そして、同社の吉野彰《よしのあきら》名誉フェローが、「リチウムイオン二次電池の開発」の功績によって2019年のノーベル化学賞を受賞した。

吉野さんのアイデアがなければ、リチウムイオン電池は生まれなかったのはもちろん

だが、他方で、福田さんの営業がなければ、リチウムイオン電池の性能は向上しなかった。このお二人の仕事を身近に感じることができて、私は幸せ者である。

ついでながら、吉野氏の旭化成本社での受賞当日の記者会見で、吉野さんの補佐役として隣に座った同社常務執行役員の山岸秀之《やまぎしひでゆき》さんは、学生のころ、私の研究室で多孔性ポリエチレン製中空糸膜を出発材料に使い、超純水中から金属イオンを除去する中空糸膜を作製する研究をしていた人だ。その後、旭化成に入社し、住宅や研究開発部門で仕事をした。この記者会見をテレビで観て、私は多孔性ポリエチレンが結んだ縁を感じた。

科学研究での発見や発明は、一人の研究者によってなされることが多い。たとえば、白川英樹先生（2000年ノーベル化学賞受賞者）の「導電性高分子」の発見では、白川先生が指導した研究生が、アセチレン重合反応での触媒量を3桁間違えて多く使用したために、フィルム状のポリアセチレンが生成した。そこで電気伝導度を測定しやすくなったこのフィルムに、ヨウ素をドープ（添加）することによって、フィルムの電気伝導度が7桁以上も増加することを発見した。

田中耕一先生（2002年ノーベル化学賞受賞者）の「生体高分子の質量分析法のための脱離イオン化法」の発見では、田中先生がタンパク質溶液に加える試薬として、間違ってグリセリンを使ったことによって、タンパク質と金属超微粉末とがよく混ざるようになり、レーザー照射によるタンパク質の分解が安定して起きることを発見した。

しかし、発見が社会に役立つ材料、方法、装置、あるいはシステムに発展していくには、その後の企業での技術開発、営業開発が必要である。技術開発では、その発見の規模を大きく（スケールアップ）したり、他の組み合わせや条件でも試したりする。続いて、営業開発では、現場で使ってもらえるまでに、コストを下げたり、耐久性を持たせたりする。

この技術開発や営業開発に要する仕事量を、かかった時間、人数、そして費用の掛け算の結果として表すと、基本の研究の仕事量に対して、技術開発と営業開発の仕事量は、それぞれ10倍と１００倍になるとも教わった。一人の研究者の発見という〝源泉〟から社会での利用という〝河口〟までに仕事をつなぐことは、一人の力ではできない。たくさんの関係者の熱が周囲に広がっていって、コトは達成されるのだ。

「研究はそんなもんだ！」と思おう

学部四年生になった4月から、大学院博士課程4年目の9月までという6年半の間、私は自分一人で研究の練習をしていたと見なしてよい。その後、１９８２年10月から助手に運よく採用されて給料をもらうようになると、学生の指導を任せられるようになった。助手になりたてのころは学部四年生1名、翌年は四年生2名、その翌年は四年生2名と大学院修士課程の学生1名と、指導する学生の数が増えていった。そのうちに、博士課程に進学する学生も出てきた。

助教授になった1990年ごろには、毎年6名ほどの学生を指導した。1994年に東大から千葉大に移ったら、毎年8〜10名を指導した。2004年に教授になると、毎年20名くらいになったけれども、梅野太輔先生を准教授として採用できたので、二人で担当を分けて半数を受け持った。

大学の教員として37年間も研究をしてきたとはいうものの、学生に混ざって自分で実験をしていたのは、助手になってからの10年間だけだ。当時、私の服装は夏はTシャツ、冬は作業着だった。会議や接客があるときだけスーツに着替えた。

残りの27年間は、配属されてきた学生が実験をした。私の仕事は研究テーマを考え出すこと。しかしながら、ほとんどの場合、思った通りにはいかなかった。たとえば、吸着材を作製したいのに反応が進まずに作れなかったり、あるいは狙いの物質を吸着捕捉したいのに少ししか取れなかったりした。そこで、軌道修正を何度も試みた結果、最終的には初めに出した研究テーマのキーワードが、すっかり消えたこともあった。

学生には、最初のテーマ設定が甘かったとは言わずに、「研究はそんなもんだ！」と説き伏せた。学生も卒業したいから、文句は言わない。win-winの関係だ。私自身は卒論も修論も、情けないほどにうまく進まなかったので、自分が指導する学生が、そうはならないように鋭意工夫してきた。発表時間が7分間の卒論や、12分間の修論の発表会で、目的や目標に沿ってうまく進んだように〝みせかける〟テクニックを、プロの指導教員として学生に指示してきた。

卒業研究では、4月に始めても、研究の方針や方法が確定するのは11月末になることが多かった。ここで大学院への進学希望者は、6月初めから入試日の8月20日ごろまでは受験勉強のために卒業研究を中断することになる。試験が終わっても、学生はしばらく休んで英気を養う。したがって、4〜5月は助走期間で、9月からが実質のスタートだ。スタートしても、研究は右往左往するのが常であるから、研究の成否は年末年始を挟んだ2カ月間の学生の努力、努力、また努力にかかっていた。

学生には指導教員が必要だった、指導教員には学生が必要だった

助教や准教授（当時の私は助手や助教授）の時代は、指導している学生の結果が自分

の評価に直接つながるので、教員は学生を必死に支援する。「この学生はもっとできるはずだ」と感じて、教員が〝鬼〟と化すこともある。そのときに同じ研究室に所属する教授は、「そこまで言わなくても……」「まあまあ……」「よくやっているじゃないか」と鬼教員をなだめる役を果たすとよい。二人とも鬼になったら、研究室が鬼屋敷になって、学生は過ごしにくいだろう。

一方、自分が教授になると、厳しい指導は自分の心身に跳ね返ってくることを体感するようになり、教授は〝仏〟へと転身していく。私の〝鬼〟時代に泣かされた卒業生は、〝仏〟の年老いた私を見て、「先生、ずるいですよ」と憤慨《ふんがい》していた。

大学での研究の第一優先は、研究を通して学生の能力を伸ばし高めることである。それをつい忘れてしまうと、学生は自分が教員の研究の道具として利用されているだけだと感じて、教員を信頼しなくなる。教員が、自分の持っているものを惜しみなく学生に教えるつもりで、それを受ける学生が、自分の青春を研究にかけるつもりなら、研究室はwin-winの場になる。

ところが、教員の指導を「余計なお世話です。ミニマムのレベルで卒業させてください」と言い出す、あるいは行動で示す学生が現れると、教員はやる気をなくしてしまう。

こうしたミスマッチが生じないように、高校へ行って模擬講義をして大学の役割を生徒に説き、大学に入学してきた学生の教育に力を入れる活動をしてきたのだ。指導に熱い先生には、冷たい学生は寄り付かないだろう。けれども、それでよしとはいかない。その冷たい学生を他の教員が必ず引き受けるのであり、問題の解決にはならない。

「あなたの研究の目的とは？」と尋ねられたときに、「発見と発明」、すなわち「『これまでわからなかったことを解明する』『これまでなかったものを発明する』ことをめざして、研究を続けてきました」と言うのが、大学教授として立派な答えかもしれない。

私の場合は、研究はそんなものではなく、よいときも、そうでないときも、学生との格闘であった。しかし、学生がいたからこそ、研究を続けることができたのは確かである。

「学生には指導教員が必要だった。そして、指導教員には学生が必要だった」

これは、ロシアの国立ワガノワ・バレエ・アカデミーの校長、ニコライ・ツィスカリーゼの言葉を、私が大学の教育版に変えた言葉である。

あとがき

大学や学科のＰＲ活動をし、やる気のある生徒を高校から集めて、学部そして研究室で、最先端の研究を通して教育する。そして社会に優れた研究成果を出す。これが理想の姿である。なかなかその通りには回らないけれども、それに向けて努力する価値はある。

「模擬講義」や「進路講演会」を数多く実施した経験から、大学関係者のみなさんに伝えたいことを整理して、改めて三つにまとめた。

〈1〉相手は〝不親切な〟聴衆であると識《し》るべし

高校生は、大学の先生による模擬講義や進路講演会を、聴きたくて聴いてはいない。講義や講演を依頼したのは、その高校の進路指導の先生なのである。生徒は無理やり椅子に座らされて、長い話を聴かせられている。隙《すき》あらば眠ろうとしている生徒も多い。そうした〝不親切な〟聴衆には、よほどのサービスを心掛けない限り、リピートのかかる話はできない。少なくとも、熱い語りと冷静な工夫が必要だ。

こうしたサービス精神は、自分の大学での講義にも役立つ。講義は聴いている学生へのサービスに徹するべきという、当たり前のことを識る。話をしていると聴衆が立ち去ってしまうのではなく、聴衆が増えてくる状況を作れる力を鍛錬できる場が、「模擬講義」や「進路講演会」にはある。

〈2〉「理系こそ国語と英語」と伝えよう

理系人生を長く過ごしてくると、総合力がいかに大切かがわかる。おそらく文系でもそうだろう。理科と数学が得意なだけで、研究・技術開発がうまくいくわけではない。

まず、研究にはそれなりのお金（研究費）がかかる。その研究費を稼ぐには、申請書が必要だ。その申請書を書くのは、研究者・技術者自身なのである。

次に、特許を申請し、取得するには、審査官を納得させる巧妙な文章力が必須だ。

さらに、成果を発表するには、論文やプレゼンの原稿が必要だ。日本語による文章だけでは済まない。海外との競争には、それなりの英語力が要求される。

「理系こそ国語と英語」は真実なのだ。そういうことを高校生に直接に例示できる場が、「模擬講義」や「進路講演会」にはある。

〈3〉高校と社会の間にある、〝通過点〟としての大学の意義を忘れるな

大学合格は最終目標ではもちろんない。学生は大学を卒業後、社会の一員として会社で働き、給料取りになる。仕事の多くはチームで行う。若いうちに、周りの人々にかわいがられて学ぶことは有意義だ。年齢を重ねたら、周りの人々を引っ張っていくこともあるだろう。

人に支えられ、あるときには人を支えることを学ぶ機会は、高校時代にもある。クラブ活動、文化祭、体育祭、生徒会活動など、いろいろな場面でさまざまな人と接して悩み、気持ちが折れない鍛錬を高校時代にしておくことは、大切なことだ。

それを忘れて、現役で大学に受かることを最優先している高校生や保護者に向かって、「そうじゃないでしょ！」と指摘するのも、通過点に位置する大学の先生の大切な仕事である。通過点だからこそ、高校と社会の両方を知る立場にあるはずだ。そうしたメッセージを高校生や保護者に伝達できる場が、「模擬講義」や「進路講演会」にはある。

大学の教員が高校生、保護者、高校の先生との接触を通して、若い人の通過点に位置する大学の存在意義を、互いに再確認することは、社会全体の利益につながると私は確信している。もちろん副次的産物として、自分の所属する学科の志望倍率がアップする

とうれしい。

◆
◆
◆

私が卒業した早稲田大学理工学部は、JR山手線の高田馬場駅から歩いて15分ほどの距離にあった。保健や体育の科目では、早稲田大学本部キャンパスまで、15分近くかけて歩いた。高田馬場駅周辺は、早稲田大学の学生、総勢3万人を受け入れることができるように、食べる店、遊べる店、飲める店が〝うじゃうじゃ〟あった。映画館もあった。

パチンコ、麻雀、ビリヤードといった遊興のための店の中でも、私は早稲田通りと明治通りが交差する辺りにあった「スマート・ボール」の店が気に入っていた。残念なことに、今はなくなって、牛丼屋に変わっている。

「スマート・ボール」というのは、パチンコやピン・ボールの原型のような遊びである。手前から前方に向かって少し斜めに上がっているガラス板の張った装置の中を覗くと、方陣状に直径3センチメートルほどの丸い穴がくり抜かれている。その穴を守るように、周りに釘が打ちつけられている。

そこに右側の通路から直径3センチメートルほどの白球を、棒を加減して打ち出す。

飛び出た白球は上から下へと落ちてくる間に、釘に当たりながら、たまに方陣状の穴に入る。多くの場合、釘にはじかれて、手前の横に長く開いた溝に落ちる。穴に入った白球が、横1列、縦1列、または斜め1列に並ぶと、1ゲームが終わったとき、白球がそのぶん多く出てくるという仕組みである。

白球がたくさん溜まったら、店内にある景品コーナーで球数に応じて景品を選ぶことができる。パチンコと似ているけれども、球の大きさや色が違うし、ギャンブル性はずっと低い。上の横に長い溝から、白球がガラス板の上へゴロゴロと音を立てながらゾロゾロと出てくるのが、私には快感だった。昔は温泉地に行き、夕食後に温泉街に出かけると、必ずこのスマート・ボール店があった。

今の大学では、「休講したら必ず補講するように」というお達しが回っている。学生が払う授業料は、講義に対して支払われているからだ。しかし、当時の大学には、休講が多くあった。というより、私は休講がたいへんうれしかったので、多くあったと勘違いしているのかもしれない。

その日、1時間目に合わせて8時40分に教室に着くと、休講という文字が黒板に大きく書いてあった。

「なーんだ、せっかく早起きしてきたのに」

2時間目は講義をもともと入れていない。午後の講義まで、4時間も空いている。試験が近いとか、レポートが溜まっているときであったら、図書館に行って勉強していただろうが、その日はスマート・ボールが頭に浮かんだ。当時は携帯電話もパソコンもない時代である。任天堂は花札を売っていた。

早稲田通り沿いのそのスマート・ボール店に着くと、開店したばかりでお客さんはいなかった。私への貸し切り状態だ。店主に料金を払うと、1ゲームぶんの白球がガラス板の上をゴロゴロと転がってきた。右の穴に白球を一つ入れては、ポンと棒を引いて打ち出した。1時間経ったころに、店主が私の台の前に仁王立ちした。相変わらず客は私だけだ。

「お客さん、学生さんかい?」

「ハイ」

「学生が朝から遊んでいたらダメだ。学生は勉強するのが仕事だ。このゲーム終わったら帰んな」

仕方なく、私はしょんぼりと店を出た。私は、正当に料金を払ってその店で遊んでいたのに、その店主から叱られた。客もいないのだし、商売だけを考えたら、普通は放っておくだろう。わざわざ店主から、学生の本分を諭された。

私はそれからというもの、真面目な学生に変身した。「学生は勉強するのが仕事だ」という店主の言葉に目が覚めたのだ。学生の目を覚まさせる機会は、本来なら教員が持っている。しかし、授業で目をつぶらせてしまうこともある。

恩師の一人である西村肇先生から、教授に昇任した途端に電話をいただいた。「斎藤君、これで何でもできると思ってはダメだ。これからは尊敬される行動をしなさい」と説教された。これまでは尊敬される行動を取ってこなかったということだろう。私は「わかりました」と答えた。

しかし、人間、やはり自分がかわいいので、無私の行動は取りにくい。それは仕方がないので、私は他の教授があまりやりたがらないことをすることで、勘弁してもらおうと考えた。

私が所属してきた学科が不人気であったから、学科のPRのため、それまでは予備校や高校を訪問して、講義をしてきた。しかし、恩師の言葉に、これからは高校生の目を覚まさせるために話をしてみようと考えた。それは、あのスマート・ボールの店主さんへの恩返しにもなる。

最後に、この本の内容に興味を持ち、出版の企画を立ち上げ、編集を担当してくださった株式会社イースト・プレス書籍1部の木下衛氏に心より感謝申し上げます。また、私の下書きを解読してワープロ入力してくださった浜本美智子さんに御礼申し上げます。佐藤智司先生（千葉大学大学院工学研究院）、三浦喬晴氏（ラドテック研究会）が、原稿の内容を丁寧に点検してくださいました。ありがとうございました。

２０２０年４月吉日
斎藤恭一

斎藤恭一

Kyoichi Saito

1953年、埼玉県生まれ。早稲田大学理工学部応用化学科卒業、東京大学大学院工学系研究科化学工学専攻修了。東京大学工学部助手、助教授を経て、2019年まで千葉大学工学部教授を務める。現在、早稲田大学理工学術院客員教授。専門は、放射線グラフト重合法による高分子吸着材の開発。

著書に、『道具としての微分方程式 偏微分編』(講談社ブルーバックス)、『数学で学ぶ化学工学11話』(朝倉書店)、『理系プレゼンの五輪書』(みみずく舎)、『理系英語最強リーディング術』(アルク)、共著に、『アブストラクトで学ぶ理系英語 構造図解50』(朝倉書店)、『グラフト重合による吸着材開発の物語』(丸善出版)など多数。

大学教授《だいがくきょうじゅ》が、「研究《けんきゅう》だけ」していると思《おも》ったら、大間違《おおまちが》いだ！

2020年5月15日　初版第1刷発行
2020年8月15日　　　第2刷発行

著者◆斎藤恭一《さいとうきょういち》

イラスト◆サンダースタジオ
ブックデザイン◆アルビレオ
校正◆内田翔

DTP◆小林寛子
編集◆木下 衛
発行人◆北畠夏影
発行所◆株式会社イースト・プレス
〒101-0051 東京都千代田区神田神保町2-4-7 久月神田ビル
Tel.03-5213-4700　Fax03-5213-4701
https://www.eastpress.co.jp

印刷所◆中央精版印刷株式会社

ISBN 978-4-7816-1878-4